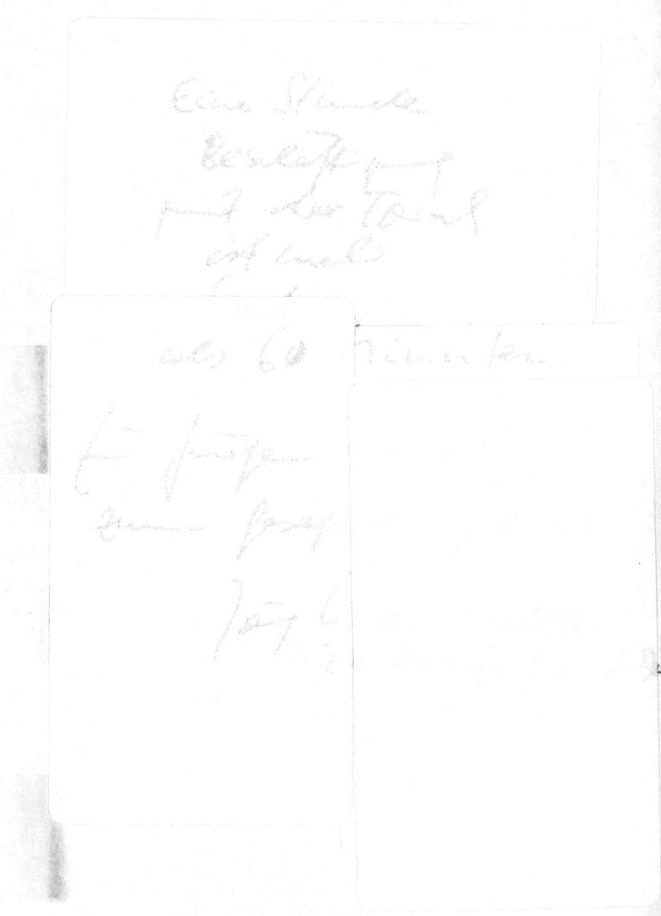

Vergessene Texte

Mit den fünf Büchern Mose
durch das Kirchenjahr

Assoziationen

Herausgegeben von
Gerhard Begrich
und
Jörg Uhle-Wettler

Radius

ISBN 3-87173-225-7

Umschlag: André Baumeister
Gesamtherstellung: Clausen & Bosse, Leck
Printed in Germany

Wo kein Mehl ist - ist keine Torah

Zu diesem Buch

»Der Auftrag der Kirche, in welchem ihre Freiheit gründet, besteht darin, an Christi Statt und also im Dienst seines eigenen Wortes und Werkes durch Predigt und Sakrament die Botschaft von der freien Gnade Gottes auszurichten an alles Volk.«

Das ist die sechste These der Barmer Theologischen Erklärung, deren Anspruch sich die Kirche zu keiner Zeit entziehen darf. Wir haben in Sonderheit darauf zu achten, daß die Botschaft von Seiner freien Gnade auch wirklich frei bleibt, frei von sich allzu schnell und oft dazwischen schiebenden Verordnungen und Gesetzen der Kirche. In der Freiheit der Gnade ist die Freiheit des Wortes gegründet. Durch Seine Freiheit sind wir berufene Künder und gerufene Predigerinnen Seines Heils. Dies wird erlangt aus Gnade. »Solchen Glauben zu erlangen, hat Gott das Predigtamt eingesetzt.« So CA V.

Auch Luthers Predigt-Gebot gilt (gerade!) heute noch: »man soll auff der cantzel die zitzen heraus ziehen und das volk mit milch trencken, denn es wächst alle tage eine neue kirch auf.«

Theologie führt zur Predigt - ein schöneres, größeres Amt gibt es nicht in der Kirche. Es muß gepredigt werden Sein Heil aus der ganzen Schrift, aus dem Neuen und Alten Testament. Er erwählt aus Gnaden, Er rechtfertigt den Sünder, Er erlöst den Gottlosen - und verdient wird hier gar nichts. Sein Heil ist umsonst. Israel hat keinen Vorzug, die Kirche keine besondere eigene Vorleistung erbracht - Seine Liebe, Seine Güte, Seine Freundlichkeit hat beide, hat uns, Israel und die Kirche, erwählt, um von dieser Seiner

9

Gnade zu künden. Fides ex auditu. Des sind wir Zeugen. So ist das Predigtamt Zeugnis, Botschaft der freien Gnade. Die Predigtreihen unserer Kirche künden davon auf ihre Weise. Die Fülle und Weisheit der Schrift aber ist unergründlich - darum sind die vorgeschlagenen Predigtreihen ein unvollkommener Versuch, die aber dem Anspruch Ausdruck geben sollen: Das Heil ist in der Schrift - das Evangelium in der *ganzen* Bibel. Es ist die Frage an unsere Kirche, ob es diesen Glauben nicht auch in der Textauswahl der Sonntagspredigten auszudrücken gilt. Die hier vorgelegte alttestamentliche Predigtreihe geht von dieser Einsicht aus. Im Zyklus der Predigtreihen hätten wir dann neben zwei neutestamentlichen Reihen (Evangelientexte - Reihe I; Episteltexte - Reihe II) eine alttestamentliche Perikopenreihe ausgewählt aus der Torah.

Der hörenden und lesenden Gemeinde wird so ein großer fortlaufender Bogen des Heils zu Gehör, zum Nachdenken vorgestellt.

In der Predigtreihe aus der Torah sind die bisher »vergessenen Texte des Heils« aufgeführt, also Texte, die in den bisherigen sechs Reihen nicht vorkommen, wobei einige Texte schon als Marginalien im Lektionar angeboten werden.

Wir haben die Texte im Lande verteilt und um »Gedanken und Überlegungen dazu«, auf der Grundlage der revidierten Übersetzung Martin Luthers, gebeten. In diesem Band finden Sie keine reinen Exegesen und keine fertigen Lesepredigten. Die Beiträge der Schriftgelehrten Männer und Frauen suchen den Dialog mit Ihnen. Sie beschäftigen sich auch in verschiedenster Weise mit dem Gedankengut der Bibel. Wir hoffen, dass Sie auch gute Gedanken in den Auslegungen der Texte finden.

Die Menschen, die Ihnen zuhören, werden es zu schätzen wissen. Und haben wir schon Luthers Predigt-Gebot erwähnt, soll das von Goethe auch nicht fehlen: »Im Auslegen seid frisch und munter, / legt ihr's nicht aus, so legt was unter«.

Im Anhang sehen Sie, wie vielfältig Theologie mit Biographie zu tun hat.

Die Predigtreihe der Torah ist ein Beitrag auch zum

Dialog mit den jüdischen Schwestern und Brüdern, in deren Gottesdiensten der Torah eine vor den Propheten und Schriften bevorzugte Stellung zukommt. Das »Heil predigen mit der Torah« soll Ecclesia und Synagoge zueinander bringen ... Zum Dialog gehört, dass wir den Eindruck vermeiden möchten, als wollten die christlichen Feste mit ihren neutestamentlichen Texten alttestamentliche Weisungen aus der Torah erfüllen. Deshalb haben wir die Feste Weihnachten, Ostern, Pfingsten und Trinitatis nicht mit einer alttestamentlichen Perikope versehen. Zu diesen Festen schweigt die Torah.

Im Gesamtwerk haben wir auch auf die gesonderte Wiedergabe der behandelten Bibelstellen verzichtet; wir gehen davon aus, daß jede Leserin, jeder Leser dieses Buches seine Bibel links (oder notfalls auch rechts) neben der Lektüre liegen hat.

Es ist unzweifelhaft, daß wir jeder Mitarbeiterin und jedem Mitarbeiter an diesem Werk von Herzen für alle Gedanken dankbar sind, die sie uns und den hoffentlich vielen Menschen überbrachten, die an den »Vergessenen Texten« Lesegewinn haben werden.

Die Rabbinen haben das Verhältnis zur Torah auf ihre Weise festgestellt. Von Rabbi Elasar heißt es in den »Sprüchen der Väter« (Avot 3,21): Ohne Torahkenntnis gibt es keine Menschlichkeit, ohne Weisheit keine Gottesfurcht und ohne Torah kein Mehl!«

Der Ausspruch »kein Mehl - keine Torah« erinnert zusammenfassend an den Propheten Elija, der in der Küche zu Zarpat kündet: »So spricht der Herr, der Gott Israels: Das Mehl im Topf soll nicht verzehrt werden.« (1. Könige 17,14)

Das heißt doch: Wo SEIN Wort ist, da ist Leben.

Eia, wärn wir da.

Erfurt / Bad Düben im August 2001
Gerhard Begrich und *Jörg Uhle-Wettler*

1. Advent: Genesis 4,17-22.25.26

MARC POKOJ

Sätze der Annäherung:

- Alles hat einen Anfang. Alles wirft Schatten oder Licht voraus. Auch der unbedeutendste Namen bekommt durch seine Nachfahren tragende Bedeutung.
- Geschichte besteht aus Geschichten.
- Menschen haben Vorgänger. Eine banale Aussage, eine Binsenweisheit. Dieser Binsenweisheit widmen ungezählte Ahnenforscher ihre Zeit. Der Blick wird hinter die Großmutter verlängert.
- Stammbäume schaffen Gewissheit. Das eigene Woher findet Namen und Zahlen, Geschichte bekommt Raum und Zeit.
- Kulturelle Leistungen haben Erfinder mit Namen. Das macht sie einordbar. Das bewahrt sie vor falscher Verewigung und Ideologisierung.
- Urgeschichten stellen Weichen für die Gegenwart.
- Der 1. Advent hat eine lange Vorgeschichte. Die ersten drei Ahnen Jesu waren Adam, Set und Enosch.

2. Zwischenspiel unterwegs

- »Ist der Platz hier noch frei?«
- »Ja bitte.«
- »Stört es Sie, wenn ich das Tischchen ausklappe?«
- »Nein, keineswegs.«
- »Das muss ich hier noch durchsehen.«
- »Ihre Papiere sehen ja furchtbar kompliziert aus.«
- »Wenn man das System durchschaut, ist es eigentlich ganz einfach.«
- »Was sind denn das für Tabellen und Bäume? Sieht ja nach einem Familienstammbaum aus.«
- »Ja ganz richtig. Ich arbeite an einem Stammbaum mei-

ner Familie. Ich will ihn möglichst vollständig meinem Enkel zu seinem 18. Geburtstag schenken. Der ist in vier Monaten und ich habe noch einige Lücken zu füllen.«

• »Da sind noch Lücken? Bei dieser Menge könnte man denken, dass Sie schon bei Adam angelangt sind.«

• »Da sind noch gewaltige Lücken. Ich bin erst im 18. Jahrhundert und will nach W. fahren, weil dort noch wahrscheinlich Vorfahren gelebt haben. Vielleicht schaffe ich es noch bis ins 17. Jahrhundert vorzudringen.«

• »Einen Stammbaum zum Geburtstag schenken ist ja eine schöne Idee, aber lohnt sich dieser gewaltige Aufwand? Kann Ihr Enkel Ihre Mühe auch würdigen? Ich weiß nicht, ob ich mich zu meinem 18. Geburtstag darüber gefreut hätte.«

• »Ich weiß auch nicht wie mein Enkel das aufnimmt. Aber für mich ist das ein Anlass endlich das zu tun, was ich schon seit langer Zeit wollte.«

• »Ist es nicht egal, wer im Ihr Vorfahre im 17. oder 18. Jahrhundert war? Etwas zu erben gibt es da bestimmt nicht mehr.«

• »Na wer weiß? Vielleicht haben wir noch ein unbekanntes Plätzchen in der englischen Thronfolge. Na ja, ein bisschen Eitelkeit ist da schon im Spiel, aber es geht mir eigentlich um etwas anderes. Woher kommen wir? Diese Frage beschäftigt mich seit langem. Wenn ich wirklich bis Adam unsere Familie zurückverfolgen könnte, dann hätte ich ein Gesamtbild vor mir, verstehen Sie? Dann hätte jeder seinen Platz in der Geschichte, und wir trieben nicht so einfach ziellos im Zeitenstrom umher. Es geht mir nicht um die Suche nach berühmten oder reichen Vorfahren, sondern es ist mehr eine Suche nach uns selbst. Ich habe das Gefühl meinen Platz gefunden zu haben, wenn ich meine Vorfahren einordnen kann.«

• »Bis zu Adam können Sie aber nicht kommen. Dann bleibt das doch nur Stückwerk.«

• »Leider ja. Wer das könnte, hätte sozusagen die ganze Geschichte in sich. Herrje, jetzt haben wir uns aber festgeredet. Hier muss ich nämlich aussteigen. Auf Wiedersehen!«

• »Auf Wiedersehen und viel Erfolg bei der Suche.«

• »Komischer Kauz!«

Endspiel:

Schmiede und Musikanten, Nomaden und Stadtbürger- die ersten kulturellen Leistungen der Bibel. Der Wechsel von Arbeit und Fest, von Wandel und Dauer ist damit exemplarisch beschrieben. Zwischen diesen Polen richtet sich die junge Menschheit ein. Namen sind Träger dieser Leistungen und Erfindungen. Dadurch sind das alles menschliche Errungenschaften. Nichts ist von Gott vorgegeben. Kein Einzelpol kann für sich einen Vorzug gegen über dem anderen beanspruchen. Das Spannungsfeld innerhalb von Raum und Zeit ist abgesteckt, denn die Grenzen des Paradieses sind nicht mehr da. Der Lebensraum und die Lebenszeit sind bemessen. Alles, was dann »nur« noch kommt, spielt sich in diesem Feld ab. Der Beginn eines sich selbst überlassenen Spiels wird mit dem Text beschrieben. Der Spielplan wurde aufgestellt, die Anfangsfiguren stehen auf START und die ersten Namen schütteln den Würfelbecher.

Das große Weltspiel! Die Pole werden sich bekriegen und versöhnen.

Wandervölker werden sesshafte Kulturen überrennen, Städte entstehen inmitten von Wanderrouten und Nomaden gehen in Sesshaftigkeit über.

Arbeitsabläufe drängen in Feier- und Festzeiten hinein, Feiern unterbrechen den Arbeitsalltag. Im freien Spiel der Kräfte entstehen Ausgleiche. Die tragen neue Spannungen in sich und die nächste Runde im Spiel beginnt. Das Spiel ist die Geschichte der Menschheit, die Runden sind ihre Geschichten. Hier agieren Namen, die aus Namen hervorgegangen sind und die Namen wiederum hervorbringen.

Ein Spielende ist nicht abzusehen, obwohl das Spielfeld schon reichlich abgenutzt erscheint. Kein Schiedsrichter beendet die Runden wegen Unbespielbarkeit des Platzes. Die Spielfiguren sind längst nicht mehr dieselben der Anfangsrunde und selten wird eine neue Taktik angewandt. Neue Tricks erweisen sich oft als nur vergessene. Der Spielstand ist längst verlorengegangen, sodass der aktuelle Rundensieger das Gesamtergebnis immer wieder neu festlegt. Vereinnahmungen sind an der Tagesordnung. Was gestern noch ein Eigentor war, gilt heute als große Stürmerleistung und ist morgen vielleicht schon gar nicht mehr existent.

Wer die Geschichten vom Anfang vergisst, ist zum Spiel ohne Grenzen verdammt.

Wer die Geschichten vom Anfang vergisst, ist zum Spiel ohne Grenzen verdammt. Es wird noch von einem weiteren Stammbaum erzählt. Er läuft parallel zum Weltspiel. Er greift je und dann sichtbar, spürbar und verändernd in das Spielgeschehen ein. Auch hier Listen von Namen, verwirrend und oft unaussprechlich. Aber jeder trägt etwas weiter, das zu einer Erscheinung drängt. Dann und wann erscheinen aus diesem Stammbaum Gestalten auf dem Spielfeld, die ein Time-out signalisieren. Zeitunterbrechung zur Neuordnung, zur Besinnung auf die Begrenzungen und den Zustand des Spielfeldes.

Es ist sicher, dass aus diesem Stammbaum einer hervorgeht, der das Spiel endgültig abpfeift und alle oder keinen zum Sieger erklärt. Doch niemand weiß wann, ob wir schon in der Nachspielzeit oder Verlängerung sind. Jeder hofft, dass uns ein Elfmeterschießen erspart bleibt.

Ist die Trillerpfeife schon im Mund?

2. Advent: Genesis 9,8-17

REINHARD HÖPPNER

Gott der allmächtige und barmherzige, so kennen wir ihn. Das Grundmuster ist das gleiche, ob er uns nun als allmächtiger oder barmherziger Gott begegnet: Er ist groß und wir sind klein. Er ist stark und wir sind schwach. Ein solches Gottesbild hat die meisten von uns geprägt. Es stammt aus einer hierarchisch geordneten Welt. Eine solche Welt kommt uns aber im Zeitalter des Internet zunehmend abhanden. Die Schwierigkeit, von Gott zu reden, wird größer. Gott sei Dank ist das Gottesbild der Bibel viel reichhaltiger. Seine Größe erweist sich zum Beispiel auch darin, dass er dazu lernen kann. Unsere Urgeschichte von Noah ist ein Beispiel dafür.

Als Gott seine Schöpfung am sechsten Tag vollendet hatte, sah er alles an, was er gemacht hatte und konnte sagen: »Und siehe, es war sehr gut« (Genesis 1,31). Paradiesische Zustände. Aber dann kam der Sündenfall. Die Menschen wollten selbst entscheiden, was gut und was böse ist, eine Überforderung, wie sich bald herausstellen sollte. Seitdem leiden die Menschen unter dieser Überforderung, verfallen immer wieder dem Bösen. Und Gott leidet mit. Ihn treibt die Frage um, wie er das Böse wieder aus dieser Welt verbannen kann und - wenn man so menschlich von Gott reden darf - er verfällt auf den Gedanken, einfach alle Bösen auszumerzen und mit den Guten, mit der Familie des Noah neu anzufangen. Ein naheliegender, uns heute noch sehr vertrauter Gedanke. Man kann ihn hören, wenn an Stammtischen über Kriminalität gesprochen wird: »Alle einsperren.« Er dient als Argument für die Todesstrafe, und bei Sexualstraftätern hört man: »Schluss mit dem therapeutischen Schnickschnack. Lebenslang wegschließen.« Ja, gut und böse voneinander trennen und das Böse ausmerzen, das ist ein noch heute allgegenwärtiges und doch illusionäres Rezept, die Welt besser, die Welt gut zu machen.

Gott hat es ausprobiert und die Sintflut geschickt, nachdem er die Gerechten, den guten Teil seiner Schöpfung in der lebenserhaltenden Arche untergebracht hatte. Wir kennen heute alle Bilder von Überschwemmungen. So können wir uns gut vorstellen: Es muss schrecklich ausgesehen haben, nachdem das Wasser wieder zurückgegangen war. Das muss selbst auf Gott einen verheerenden Eindruck gemacht haben, denn er »sprach in seinem Herzen: Ich will hinfort nicht mehr die Erde verfluchen um der Menschen willen; denn das Dichten und Trachten des menschlichen Herzens ist böse von Jugend auf. Und ich will hinfort nicht mehr schlagen alles, was da lebt, wie ich getan habe.« (Genesis 8,21) Gott lernt dazu: Das war nichts, das war ein Fehler, das mache ich nie wieder.

Bemerkenswert und für unseren Text wichtig ist die Begründung: »das Dichten und Trachten des menschlichen Herzens ist böse von Jugend auf.« Es gibt nicht *die* Guten und *die* Bösen, die man bloß voneinander trennen müsste: die Bösen wegschließen und die Welt wäre gut. Nein, gut und böse sind angelegt in jedem menschlichen Herzen. Wenn Gott mit Noah und seinen Nachkommen einen neuen Bund aufrichtet und verspricht »dass hinfort nicht mehr alles Fleisch verderbt werden soll durch die Wasser der Sintflut und hinfort keine Sintflut mehr kommen soll, die die Erde verderbe«, so ist das nicht etwa, wie man vermuten könnte, der erfolgreichen Aktion Sintflut zu verdanken, die das Böse auf Erden endgültig ausgemerzt hat. Nein, das ist das Eingeständnis Gottes, dass sich sein engagiertes Mühen um eine bessere Welt, in der nicht immer wieder das Böse regiert, auf diesem Wege nicht verwirklichen lässt. Gott gesteht eine Niederlage im Kampf gegen das Böse ein. Und er verspricht: Das mache ich hinfort nicht wieder.

Für mich zeigt sich in dieser Geschichte viel mehr als in den vielen Geschichten, in denen Gott als der gewaltige Herrscher und mächtige König auftritt, die Größe Gottes. Wer mittendrin steckt im politischen Geschäft wie ich als Ministerpräsident, der weiß vielleicht deutlicher als andere, wie schwer es ist, in so herausgehobener Position einen Fehler einzugestehen. Wer würde sich schon getrauen zu sagen: Das war nichts mit den Bomben in Jugoslawien. Die haben uns dem Frieden nicht wirklich näher gebracht. Hätten wir die Milliarden, die wir für den Krieg ausgegeben haben, für den Aufbau der Region eingesetzt, wären wir vielleicht schon weiter. Aber so ist das wohl: Es gibt kein Verfahren in dieser Welt, die Guten und die Bösen zu identifizieren und zu trennen. Das hat sich seit damals nicht geändert und wird doch immer wieder vergessen.

Die Verführung liegt nahe. Gerade wenn man zornig wird. Und man kann richtig zornig werden, wenn das Böse wieder mal die Szene beherrscht. Auch darin ist Gott menschlich, so ganz gegen unsere Gottesvorstellung. Er braucht eine Erinnerung an sein Versprechen: Er hängt seinen Bogen in die Wolken als »Zeichen des Bundes, den ich geschlossen habe zwischen mir und euch und allem lebendigen Getier bei euch«. Man könnte zunächst annehmen, dieser Bogen ist gewissermaßen unsere von ihm unterschriebene Ausfertigung des Vertrages. Aber nein: Es ist der Knoten in *seinem* Taschentuch: »Darum soll mein Bogen in den Wolken sein, dass *ich* ihn ansehe und gedenke an den ewigen Bund...« Gott hängt den Bogen in die Wolken, damit *er* sich erinnert.

Über den Regenbogen ist viel meditiert, viel nachgedacht, viel geschrieben worden. Mir kommt, wenn ich einen Regenbogen sehe, immer wieder die Melodie des schönen Liedes in den Kopf: »Siehst du einen Regenbogen, halte an, betrachte ihn.« Er steht am Horizont, wenn der Himmel Tränen weint. Ja, Gott weint über das Böse in der Welt, er weint mit den Opfern. Und wenn wir uns fragen, wie er das viele Leid in der Welt, wie er das alles zulassen kann, dann sollten wir an diesen Regenbogen denken. Er erzählt uns, dass Gott nicht als der Unbeteiligte dem Elend auf unserer Welt zusieht, sondern mit den Elenden und Geschlagenen weint. Gerade dann braucht er, um nicht zornig dazwischen zu schlagen, die Erinnerung an sein Versprechen, keine Vernichtungsaktion mehr zu starten, sondern den schweren Weg mitzugehen mit seinen von ihm geliebten Menschen.

Heute, wenn wir Gottes Botschaft von seinem Bund mit den Menschen hören, dann stellt sich auch die Frage: Wie ist das nun weitergegangen, wie hat Gott sein Versprechen eingehalten ohne gleichgültig der Macht des Bösen freien Lauf zu lassen? So ganz leicht ist das offenbar nicht gewesen. Wenige Kapitel nach unserer Geschichte kommt die von Sodom und Gomorra, den Städten, die Gott vernichten will weil »ihre Sünden sehr schwer sind« (Genesis 18,20). Auch da stellt sich Gott dem Abraham sehr menschlich dar, er lässt mit sich handeln wie auf einem Basar. Deutlicher als in diesem Handel zwischen Gott und Abraham um die Rettung der Gerechten in Sodom kann wohl kaum werden, dass der Kampf gegen das Böse unter dem Regenbogen eine gemeinsame Sache zwischen Gott und Menschen ist. Nicht gleichgültige Toleranz sondern gemeinsames Engagement bei der Überwindung des Bösen ist Ziel dieses Bündnisses im Zeichen des Regenbogens.

Und Gott lässt sich dazu noch eine Menge einfallen. Die Menschen träumen den Traum vom guten König, vom Friedefürst, dem gerechten Herrscher. Und sie erleben selbst beim guten König David, dass er in seinem Herzen nicht frei ist vom Bösen. Auch ein guter weltlicher Herrscher bringt es nicht. So schickt Gott schließlich seinen Sohn und schließt einen neuen Bund. War der Regenbogen ein Zeichen der Versöhnung zwischen Gott und Menschen, so nimmt dieses Versöhnungshandeln Gottes nun menschliche Gestalt an, und das wieder ganz anders, als die Menschen erwartet haben: Nicht Macht von oben verändert die Welt, sondern eine Bewegung der Menschlichkeit von unten. Nicht die Vernichtung des Bösen macht die Welt gut, sondern die Überwindung des Bösen durch Gutes. Gott lernt dazu. Er lässt sich bewegen. Er opfert sogar seinen eigenen Sohn. Wenn das nicht Liebe ist! Nicht erst das Kreuz, schon der Regenbogen kann uns daran erinnern.

3. Advent: Genesis 13,7-18

RAINER OECHSLEN

Abram und Lot. Zwei Männer stehen sich gegenüber. Zwei Wege trennen sich.

»Der Erzähler stellt häufiger zwei Arten des Mensch-Seins, zwei Glaubensweisen gegenüber« sagt Nico ter Linden (Es wird erzählt..., Bd. 1, 1998, 59). »Kanaan und Ägypten sind Gegenpole, ebenso wie Kain und Abel. Es ist wie bei den zwei Hausfrauen aus der Waschmittelwerbung: die Wäsche der einen ist strahlend weiß, und die andere kriegt einfach nicht die Flecken raus. In unserer Geschichte werden Abram und Lot einander gegenübergestellt. Abram spielt die Rolle des Berufenen, des Glaubenden, des ›wahren Israeliten‹, während Lot jenes verkörpert, was und wie ein Heide denkt und tut, er ist der durchschnittliche *Goj*. An Lot wird sichtbar, wer Abram ist.«

Schwarzweißmalerei also. Manchmal ist solche Schwarzweißmalerei notwendig, damit Kontraste hervortreten, Unterschiede sich zeigen, damit deutlich wird, was den Glauben Abrahams vom Glauben der Gojim unterscheidet. *Manchmal* ist solche Schwarzweißmalerei nötig. Am besten bleibt das Wort »Goj« dabei unübersetzt. »Heide« riecht nach Verfolgung, weist in die Zeit, da nicht mehr Israel sich abgrenzte, um seiner Berufung treu zu bleiben, da vielmehr die Kirche abspaltete, vernichtete, was ihr fremd war. In dieser Perspektive bedeuten »Jude« und »Heide« merkwürdigerweise fast das gleiche: Menschen, die nicht dazu gehören, die im Corpus Christianum keinen Platz haben.

Aber was sind nun - von Abraham aus gesehen - die Kennzeichen Lots? Ich sehe drei:

Zuerst einmal ist Lot der Mensch, der keine eigene Berufung hat. »Da zog Abram aus, wie der HERR zu ihm gesagt hatte, und Lot zog mit ihm.« (Gen 12,4) Von da an ist Lot stereotyp der, der *»mitzieht«*. Als Abram wieder »herauf« zieht aus Ägypten, ist Lot dabei (13,1). Als Abram nach Bethel kommt, ist Lot an seiner Seite (13,5). Nico ter Linden nennt Lot einen »Mitläufer«. Das Wort hat in Deutschland einen eigenen - einen qualifiziert »gojischen« - Klang. Es wäre ja so einfach gewesen, hätten nur die »Hauptschuldigen« die Verantwortung gehabt. Theologen wie Helmut Thielicke wollten den Deutschen zu dieser Entlastung verhelfen. Aber vielleicht waren gerade die »Mitläufer« Deutschlands Problem. Wäre der braune Siegeszug möglich gewesen, wenn die Deutschen festgehalten hätten, dass jeder Mensch seine eigene Berufung empfängt, seine eigene Verantwortung trägt, sein eigenes Gewissen, seine eigene Unmittelbarkeit zu Gott hat?

Im Glauben - wird es da je gehen ohne die Gewissheit der eigenen Berufung?

Das Zweite: Abram ist der Gewählte, Lot der Wähler. *»Da erwählte sich Lot die ganze Gegend am Jordan und zog nach Osten.«* Der Mitläufer wird dargestellt als der Mensch, der auswählt - und zwar im buchstäblichen Sinne nach

»Gutdünken«. »Wo Abraham der Gehende und Sichführen-
lassende ist, ist Lot der Wählende.« (Friedrich-Wilhelm Marquardt, Von Elend und Heimsuchung der Theologie, 1988,
320)

Wie - angeblich - der Kunde »König« ist in unseren Tagen, so der Wähler. Er wird umschmeichelt. Wer seine
Wohnung, seinen Beruf, seine Regierung, seinen Lebens-
gefährten oder Ehegatten selbst gewählt hat, wähnt ein
freier Mensch zu sein.

Die Bibel hat ihre eigene Sicht von Wahl und Erwählung:
In dieser Geschichte ist der Mitläufer, der selbst keine Be-
rufung hat, der Wählende. Der Berufene wählt nicht, sein
Land ist ihm bestimmt. Dafür hat er die Kraft zur Trennung.
Und Trennungen brauchen viel Kraft, damals wie heute:
*»Steht dir nicht alles Land offen? Trenne dich doch von mir!
Willst du zur Linken, so will ich zur Rechten oder willst du
zur Rechten, so will ich zur Linken.«*

Damit wir uns recht verstehen: Das Wahlrecht gehört zur
Demokratie wie die Religionsfreiheit. Wer aber zum Gott
Abrahams gehört, der hat Gott gegenüber kein Wahlrecht
und keine Wahl - und das ist sein Glück.

Was Lot wählt, das ist, ohne dass er es weiß, die Katastrophe, der Sturz von Gomorra und Sodom, aus dem »Lot
nur gerettet werden kann, indem Gott Abrahams ›gedenk‹ -
ein Gedenken dessen, der nicht wählt, sondern folgt« (Marquardt, a.a.O., 321)

Das Dritte: Ich habe mit Hilfe dieser Geschichte einen
Satz des Paulus verstanden, der sich leicht spiritualistisch
missverstehen ließe. Wir Christen *»sehen nicht auf das
Sichtbare, sondern auf das Unsichtbare«* (2. Kor 4,18). Lot
wählt das schöne, das liebliche Land, *»die ganze Gegend
am Jordan ... wasserreich, bis man nach Zoar kommt, wie
der Garten des HERRN, gleichwie Ägyptenland«.* Was ich aus-
ließ, das ist der Hinweis auf die kommende Zerstörung
»als der HERR Sodom und Gomorra vernichtete«. Die Vernichtung sieht Lot nicht. Vielleicht könnte er die Zeichen
der kommenden Zerstörung durchaus sehen, *»denn die
Leute zu Sodom waren böse und sündigten sehr wider den
HERRN.«* Lot sieht nur, was vor Augen ist - und weniger
als das.

Abraham schaut erst, als Gott es befiehlt. »*Hebe deine Augen auf und sieh...*« Was er sieht, ist das Land der Verheißung. Er sieht das Unsichtbare, die Nachkommen zahlreich »*wie der Staub auf Erden*«. Wer der Verheißung traut, sieht mehr.

Abram und Lot. Zwei Männer stehen sich gegenüber, zwei Glaubensweisen.

Ich will diese Gegenüberstellung nicht beenden, ohne zu bedenken, dass Abraham für Sodom und für Lot vor Gott stehen und bitten wird (Gen 18,16-33), und dass er am Morgen nach der Zerstörung in schweigendem Entsetzen den Rauch aufsteigen sehen wird, nicht wissend, wer entkam (Gen 19,27-28). Abraham ist berufen, damit er ein Segen sei (Gen 12,2) - gerade für die Gojim, von denen er sich so »trennscharf« unterscheidet.

4. Advent: Genesis 14,17-20

WALTER MARTIN REHAHN

I. Kaum einen Ort in Europa gibt es, an dem es sich besser über diesen Text nachdenken ließe, als in der Kathedrale von Reims. Zum einen ist diese ein besonders schönes irdisches Abbild des himmlischen Jerusalem. Zum anderen wurden in ihr fast alle französischen Könige gesalbt und gekrönt, in bewusster Anknüpfung an die alttestamentliche Königstradition. Wir stehen hier also am Endpunkt einer Linie, als deren Anfangspunkt die kurze Episode von Gen 14,17-20 angesehen werden darf.

Abraham grüßt uns denn auch, von deutschen Granaten des Ersten Weltkriegs verstümmelt, schon vom südlichen Seitenportal. Betreten wir die Kathedrale durch das Hauptportal und wenden uns um, so finden wir die Innenseite der Fassade auf seltene und großartige Weise gestaltet. Nicht nur die große Westrose erstrahlt im edelsteinartigen Licht der Farbglasfenster, auch die darunter befindliche Triforiengalerie ist auf diese Weise durchlichtet. Und wiederum darunter ist erstmalig das Bogenfeld des Hauptportals durchbrochen und bis in die Zwickel hinein in Farbglasflächen aufgelöst. Die umgebende Wand ist durch und durch plastisch gestaltet: In übereinanderliegenden Nischenreihen stehen zweiundfünfzig Statuen, Gestalten des Alten und Neuen Testaments. Zwei davon stellen in der Kleidung des 13. Jahrhunderts Abraham und Melchisedek dar: Ein Priester reicht einem gepanzerten Ritter Brot und Wein.

Wenden wir uns nun um, so ist in der Sichtachse nach Osten einzig das mittlere Fenster der Chorscheitelkapelle zu sehen. 1974 von Marc Chagall geschaffen, ist sein Thema Tod und Auferstehung Christi. Unmittelbar unter der Darstellung des Gekreuzigten, vom schönsten Chagallschen Blau umflossen, zwei Männer, fast in Umarmung. Auf einem liegt goldenes Licht, auf dem anderen ein Abglanz davon. Auch hier sind Abraham und Melchisedek dargestellt.

II. Was ist nun der Inhalt der Episode Gen 14,17-20, die in einen der »schwierigsten und rätselhaftesten Texte des Alten Testaments« eingeschoben ist, und wie wurde sie ausgelegt? Abraham kommt siegreich von einem Feldzug zurück, den er gegen eine Übermacht von Feinden führte, um seinen Neffen Lot und dessen Familie zu befreien. Auch hat er den Feinden deren Beute abgejagt. Da kommt ihm im »Tal Schawe, das ist das Königstal« (viele vermuten dieses in der Nähe Jerusalems) der König von Sodom entgegen. Laut Ge 14,10 müsste dieser, als Unterlegener eines früheren Kampfes, geradewegs aus den Erdharzgruben des Tales Siddim kommen. Bevor er aber zu einer Rede ansetzen kann, schiebt sich Melchisedek, der Priesterkönig von Salem dazwischen, »trägt Brot und Wein heraus und segnet den siegreichen Abraham. Dieser gibt ihm darauf den Zehnten von allem«. Der sonst sehr tiefgründige jüdische Ausleger Benno Jacob vermutet hier einen ziemlich profanen Grund für das Geschehen. So habe sich Melchisedek nur um des Zehnten willen »zu dem Tedeum nach dem Siege eingestellt« und den König von Sodom um einen Teil seines Eigentums gebracht, das Abraham ja zurückbringt: »Der schlaue Priester hat ihm mit seinem salbungsvollen Segen, der nichts anderes als eine verblümte Bitte um Bakschisch ist, einen Streich gespielt.« (Benno Jacob: Das Buch Genesis, Stuttgart 2000, 380). Der Sinn dieser in Gen 14 eingeschobenen knappen Episode besteht wohl darin, die Linie davidischer Königstradition in die Vergangenheit zu verlängern und dort in der Begegnung von Abraham und dem Priesterkönig Melchisedek zu verankern. So wird im Neuen Testament die Linie von dort bis zu Christus gezogen. In Hebräer 6,20 wird die Formulierung von Psalm 110,4 aufgenommen und auf Jesus bezogen: Jesus, der ein Hohenpriester geworden ist in Ewigkeit nach der Ordnung Melchisedeks.« Was das bedeutet, wird im 7. Kapitel des Hebräerbriefes entfaltet. Melchisedek erfährt dabei eine merkwürdige Überhöhung, die ihn dem Sohn Gottes angleicht. Ziel der Gedankenführung ist es, eine Art himmliches ewiges Priestertum Melchisedeks herauszustellen, das dem levitischen Priestertum überlegen ist. Die Vollendung des ewigen Priestertums Melchisedeks aber geschieht in Christus, dem als »Sohn Davids« die Verheißung von Psalm 110,4 gilt. Als Auferstandener ist er erhöht zum »Hohenpriester, der da sitzt zur Rechten des Thrones der Majästet im Himmel« (Hebräer 8,1b).

III. Kehren wir wieder zurück in die Bildwelt der Kathedrale von Reims. An einer exponierten Stelle, rechts neben der Innenseite des Hauptportals, fanden wir die Begegnung von Abraham und Melchisedek dargestellt. Was hat den/die Auftraggeber im 13. Jahrhundert zu dieser fast einzigen alttestamentlichen Darstellung im Bildprogramm der Innenfassade bewogen? In Anknüpfung an die Auslegung des Hebräerbriefes sahen auch sie in Melchisedek einen Vorläufer Christi. (Unmittelbar über ihm findet sich ein weiterer »Vorläufer« dargestellt: Johannes der Täufer.) Jesu Opfertod, symbolisiert durch Brot und Wein, sah man in den

Gaben Melchisedeks typologisch vorweggenommen. Dies würde als Argument für eine Darstellung an sich schon ausreichen.

Doch in der Kathedrale von Reims wurden die Könige Frankreichs gekrönt. An diesem Ort hatte sich bereits der Merowingerkönig Chlodwig 498 vom heiligen Bischof Remigius taufen lassen. Die Legende berichtet, eine Taube habe ihm zur Salbung Chlodwigs himmlisches Öl zugetragen. Später (seit 754) ließen sich die nachfolgenden Karolingerkönige bei der Krönung salben, um ihr Königtum geistlich zu legitimieren. Als »Gesalbte des Herrn« standen sie somit in der Tradition der alttestamentlichen Könige David und Salomo (die an der Außenfassade der Kathedrale dargestellt sind). Deren »Urbild und Vorläufer« wiederum war Melchisedek. Grund genug, sich seiner zu erinnern, wenn man gekrönten Hauptes aus der Kathedrale schritt.

Schließlich kommt hinzu, dass es zur Zeit ihrer Errichtung für knapp 200 Jahre ein »christliches Königreich« der Kreuzfahrer in Jerusalem gab. Von da her erklärt sich vielleicht die »Verkleidung« Abrahams und Melchisedeks an der Portalinnenseite: Der heimkehrende Kreuzritter wird durch die Kommunion gestärkt, wie Abraham durch Melchisedek gestärkt wurde. Zugleich erfährt sein »Glaubenskrieg gegen die Ungläubigen« (scheinbar) eine biblische Legitimation aus Abrahams Feldzug in Genesis 14. Möglicherweise hat gerade dieser kriegerisch - ideologische Zug der Darstellung des 13. Jahrhunderts die Auftraggeber im ausgehenden 20. Jahrhundert bewogen, einen friedlichen Gegenakzent zu setzen, zumal die Kathedrale im Ersten Weltkrieg schwer gelitten hatte. Chagalls Glasbild in der Chorscheitelkapelle betont Melchisedeks Segen, den er als aufscheinenden Goldglanz sichtbar werden lässt. Der Segen wird Israels Ahnherrn vollmächtig vom Ort der Gottesnähe her gespendet. In Abraham aber werden, so die Verheißung in Gen 12,3, alle Geschlechter auf Erden gesegnet. Die Begegnung mit Melchisedek erhält so ihren Ort in der Heilsgeschichte, wie ihr Bild seinen gültigen Ort zu Füßen des Gekreuzigten auf Chagalls Fenster gefunden hat.

1. Sonntag nach Weihnachten: Genesis 15,1-7

MATTHIAS ELTER

Vor vielen Jahren wurde mir von einer Schülerin im Religionsunterricht die Frage gestellt, woran man eine gesegnete Kerze (sie meinte eine geweihte) von einer nicht gesegneten unterscheiden könnte. Dieser katholische Brauch, der neben Personen auch Gegenstände segnet, brachte mich in einen ziemlichen Erklärungsnotstand. Meine damalige Antwort werde ich hier verschweigen, vielmehr will ich darauf hinweisen, dass sich die Frage nach dem Segen und seiner Wirkung für einen alttestamentlichen Menschen so jedenfalls nicht gestellt hat. Gesegnet war man mit Gesundheit, mit Reichtum, der sich in Land und gesundem Vieh ausdrückte, und mit einer Vielzahl von Kindern und Enkelkindern. Zumindest das Letztere wird heute in unserer Gesellschaft nicht unbedingt als ein Segen angesehen, dabei hätten wir in den modernen Industriegesellschaften gerade den Kindersegen mehr als nötig.

Dieses Problem der Kinderlosigkeit, wenn auch in einem anderen Zusammenhang, beschäftigte Abraham eine lange und sorgenschwere Zeit, und dies hat ihn offensichtlich oft um den Schlaf gebracht. Sorgenvoll liegt er in seinem Zelt, und die Gedanken um die Zukunft, die Jahwe ihm bereits großartig ankündigte (vgl. Gen 12,1-3), lassen ihn wach bleiben. Wie auch immer seine innere Verfassung gewesen sein mochte, er war empfänglich für eine Vision, die ihm in dieser Situation zuteil wird. Eingebettet ist diese Vision in die Klage und Sorge Abrahams wegen seiner Kinderlosigkeit. Der Elieser aus Damaskus, der wird seinen Reichtum erben, den er aus Ägypten oder sonstwo zusammengebracht hatte. Damit war er schon gesegnet, aber was soll all das Geld, all der Reichtum, wenn die Kinder nicht da sind, denen er nützen könnte. Da führt Jahwe ihn mitten in der Nacht vor sein Beduinenzelt und er sieht über sich den sternklaren wundervollen Nachthimmel. Die herrliche, unzählbare, leuchtende Menge der Sterne erstrahlt über seinem Kopf. Sie dient als ein Bild für die Größe seiner Nachkommenschaft. Und Abraham glaubt. Er ist überwältigt, getröstet und beruhigt könnte man denken. Es steht nichts weiter im Text. Abraham glaubt und dieser Glaube wird ihm zur Gerechtigkeit angerechnet. Das heißt nichts anderes, als dass Abraham die Sorge um seine Existenz mit all den Unwägbarkeiten, der Unsicherheit und Angst auf die ihm einzig mögliche Basis stellt, nämlich auf Gott. Die einzig wahre und beständige Realität, die für uns heute oft so schwer zu erkennen und für existent zu halten ist, ist für ihn die Realität Gottes. Der naturverbundene Nomade Abraham hatte da möglicherweise einen kleinen Vorteil, um den wir ihn vielleicht beneiden könnten, jedoch wird es für uns schnell zum Geschenk der Gnade, wenn wir in seine Spuren zu treten versuchen und uns selbst zu seinen Nachkommen zählen, denn dann wird die Segensverheißung auf uns übergehen und uns die Kraft des Glaubens schenken, die uns die Realität Gottes in unserem Leben spüren lässt.

Diese Stelle der Genesis zeigt uns Abraham, als einen der voll und ganz auf die reiche Fülle der Verheißungen Gottes vertraut, dabei hat er alles andere als gute Karten für das Eintreffen dieser Verheißungen: er ist hochbetagt, fast 90 Jahre alt, ebenso seine Frau, und sie ist unfruchtbar. Später zeigt die Genesis, wie diese Verkrampfung sich löst, aber Abraham glaubt zuerst, bevor sich ein Weg für ihn auftut. Diesen Weg des Glaubens will uns die Bibel in Erinnerung rufen, immer wieder übrigens, der Glaube ist eine Kraft, der Berge versetzen kann. Meist sind es Berge der Unsicherheit und Angst, die auf der Seele lasten und uns am freien Atmen hindern. Diese Zuversicht und Gelassenheit ist eine Frucht des Glaubens, darum sollen wir uns bemühen und um sie beten: Glaube ist ein Geschenk Gottes, das heißt, Gott schenkt sich selbst in Jesus Christus, dem Sohn und Kind.

2. Sonntag nach Weihnachten: Genesis 16,1-6

JOHANNES FRIEDRICH

Kinderlosigkeit kann zu einem großen Problem werden. Freilich wird dies heutzutage meist dadurch verdeckt, dass viele Frauen das »Kinderkriegen« hinausschieben bis sie ihre Ausbildung oder ihr Studium beendet und sich im Beruf etabliert haben. In dieser Zeit ist Kinderlosigkeit *gewollt*. Denn seit das »Ehemodell« Abrams und Saras, in dem der Mann für den wirtschaftlichen Unterhalt sorgt und die Frau für Haus und Kinder zuständig ist, obsolet geworden ist, möchten Frauen auf eigenen Beinen stehen. Dies ist mehr als verständlich. Doch es nimmt *Lebenszeit* in Anspruch, *in der die biologische Uhr tickt*. Frauen machen dabei zunehmend die Erfahrung: Wenn beruflich alles geklappt hat, klappt »es« dann nicht mehr.

Unter völlig anderen gesellschaftlichen Bedingungen macht Sara die gleiche Erfahrung. Auch von ihr wird gesagt: *Sie gebar Abram kein Kind*. Sie scheint unfruchtbar zu sein. Doch sie sucht hierfür nicht nach lebensgeschichtlichen oder nach medizinischen Ursachen, sondern stellt ihre Unfruchtbarkeit in einen größeren Zusammenhang: »*der Herr* hat mich verschlossen, dass ich nicht gebären kann«. Damit erinnert sie daran, dass Fruchtbarkeit nicht machbar, sondern Geschenk *Gottes des Schöpfers* ist. Die Verweigerung dieses Geschenkes durch Gott trägt etwas Schicksalhaftes an sich.

Doch Sara will sich mit diesem gottgewollten Schicksal nicht abfinden. Deshalb greift sie - ähnlich wie moderne Paare heute - zu einem *künstlichen Mittel,* das ihre Kinderlosigkeit beheben soll. Dem eigenen Mann eine andere Frau zu geben, damit Kinder geboren werden, gilt in jener Zeit durchaus als legitimes Mittel. Schon im Codex Hammurabi ist es zu finden. Doch wer zu künstlichen Mitteln greift, um Kinder zu kriegen, sprengt die Intimität eines Paares. Daraus entstehen Probleme, die diese Geschichte klar benennt: Das Verhältnis zwischen Sara, Abram und Hagar verändert sich. Die Beziehung des Paares und der Friede im Haus ist gestört.

Hagar, die als Magd gewohnt ist, zu ihrer Herrin *aufzusehen*, sieht nun auf sie *herab*. Denn schwanger geworden, ist sie Abram näher gekommen als es Sara lieb ist. Eine Distanz ist so zwischen Sara und ihrem Mann entstanden, die überwunden werden muss. Daher demütigt sie Hagar, bis diese flieht. Und obwohl sie sich vorher der Unterstützung Abrams versichert hat, muss offen bleiben, ob die Nähe und Intimität zwischen Sara und Abram wieder hergestellt werden kann.

Heute versuchen nicht wenige Frauen zwischen 30 und 40 Jahren in vergleichbaren Fällen mit Mitteln der modernen Medizin doch noch schwanger zu werden. Auch durch solche Prozeduren wird der intime Raum eines Paares verlassen. Ob es zu einer Schwangerschaft kommt, hängt plötzlich von einem *Dritten* ab: Der Kunst des Arztes.

Kinder zeugen und empfangen ist eine Sache der Liebe zwischen zwei Menschen. Das war immer so und wird auch immer so bleiben. Auch wenn Empfängnis heute bewusst verhütet wird, scheint es ein nicht zu unterschätzender *qualitativer Unterschied* für eine Liebe zu sein, ob daraus Kinder entstehen *können* oder *entstanden sind* - oder ob dies nie der Fall sein wird. Erweist sich ein Mann oder eine Frau als unfruchtbar, kann dies zu einer Belastung werden, die ihre Liebe und oft auch ihre Ehe nicht übersteht.

Die Mittel der »künstlichen Befruchtung« damals und heute kann man nicht vergleichen. Dennoch entspringen sie aus der gleichen Not: »...sie gebar ihm kein Kind.« Diese Not hat damals wie heute schicksalhaften Charakter, wobei es zur Zeit Saras eine kinderlose Frau noch viel schwerer hatte als heute. Doch darin liegt wenig tröstliches für alle, die Kinder wollen und keine kriegen. Wie Sara finden sie sich meist nur schwer damit ab, sondern suchen nach anderen Mitteln.

Entscheidend ist nun, wie Gott mit dem Kinderwunsch Saras und ihrer Methode der »künstlichen Befruchtung« umgeht. Das Überraschende ist: Von ihm her fällt *kein einzi-*

ges Wort der Verurteilung. Von ihm her wird auch *nicht der moralische Zeigefinger erhoben.* Weder gegenüber Sara, noch gegenüber Hagar, noch gegenüber Abram. Im Gegenteil: Gott der Herr scheint Sara und damit Abram und Hagar in ihrem Tun zu *belohnen:* Was zwischen dem Ehepaar nicht klappt, klappt mit Hilfe eines Dritten: Hagar. Während Jahwe Sara verschließt, öffnet er Hagar und sie wird schwanger. Und auf dieser Schwangerschaft liegt *kein Fluch, sondern ein Segen.* Denn auch Hagars Kind gilt eine Verheißung, die durchaus der Verheißung an Abram und seinen Nachkommen vergleichbar ist.

Was bedeutet das für uns? Es ist möglich, die eigene Unfruchtbarkeit *anzunehmen.* Vielleicht besonders dann, wenn man in der Zeit des Kinderkriegens und Kinderzeugens andere Prioritäten gesetzt hat. In solchen Fällen ist es hilfreich und notwendig, zu unterscheiden, was menschen- und was gottgewollt war. Doch menschengewollt hin oder gottgewollt her - von Sara kann man lernen, das eigene Schicksal nicht nur sich, dem eigenen Mann oder der eigenen Frau anzulasten, sondern Gott dem Herrn und sich *zu ihm in Beziehung zu setzen.* Denn Kinder und Kinderlosigkeit sind leichter zu tragen und zu ertragen, wenn dies *coram deo* geschieht: Im Angesicht Gott des Schöpfers.

Möglich ist aber auch, sich *nicht mit Unfruchtbarkeit abzufinden.* Was für Saras »Methoden« gilt, gilt auch für Methoden der modernen Medizin. Ein schier aussichtsloser Kinderwunsch soll von Menschen nicht diskreditiert werden, weil er auch von Gott nicht diskreditiert wird. Freilich muss man wissen, was man tut. Und man muss wissen, dass *sich Paar-Beziehungen verändern, wenn Kinder nur mit Hilfe von Dritten entstehen können.* Auch dann, wenn diese Dritte Ärzte sind, die in die Intimität eines Paares nicht so eingreifen wie Hagar aufgrund von Saras Wunsch. So nicht. Aber irgendwie doch. Anders. Auch Paare, die mit Hilfe künstlicher Befruchtung zu einem Kind gekommen sind, sind hinterher andere.

Doch eines bleibt gleich bei Sara und den modernen kinderlosen Frauen und Männern: Ihre Kinder sind Gott willkommen, unabhängig davon, wie sie entstanden sind.

1. Sonntag nach Epiphanias: Genesis 16,7-16

GERHARD BEGRICH

Die Schrift hatte sie nie vergessen, die Kirche schon. Wir sollten uns daran erinnern, daß wir auch von unseren Müttern im Glauben leben. Für männlich gedachte und gesehene Theologie ist hier freilich manches anders, vieles vielleicht gar nicht vorstellbar, aber es handelt sich bei der Rede von den Müttern des Glaubens zumeist um eine Theologie von unten. Theologie also der zu kurz Gekommenen, der Schwächeren, der so oft Zurückgestellten. Frauen schreiben unverwechselbar ihre eigene Glaubensgeschichte unter einer doppelten Belastung, sich zu emanzipieren von ihrer aufgezwungenen Rolle, das geschieht durch Protest, und von sich selbst, von ihrem Bild, ihrer zum Selbst gewordenen Fremdsicht. So gesehen ist feministische Theologie auch eine Befreiungstheologie - also Theologie, die mit dem Schrei der Unterdrückten beginnt, so wie die Kinder Israel schreien in Ägyptenland; und diese Theologie stellt Fragen, mit denen man, auch in diesem Falle, Gott näher kommt. Zwei dieser Mütter nun begegnen sich in Gen 16, einer tragischen Geschichte, in der die Konflikte vorgegeben sind, einen Ausweg scheint es gar nicht zu geben. Mit einem »Und« beginnt auch hier der Rückverweis auf das, was war. Geschichte folgt auf Geschichte: vergeßt das nicht - auch nach euch gibt es eine neue, andere Geschichte. Trost mag auch dieses Gleichmaß der Folge vermitteln - aber nicht immer und oft auch gar nicht. Warum sollte es dann ein »weiterhin« überhaupt geben und nicht viel besser und gnädiger ein »nicht mehr«? Geschichte ordnet ein, Geschichte geschieht: zuvor steht geschrieben: »deinem Samen gebe ich dieses Land.« (15,18). Das hat ER gesagt, und ER hält Sein Wort. Abraham weiß das, denn Seinem Wort ist er doch gefolgt: von Ur Kasdirn (15,7) nach Haran, von dort nach Hebron, nach Ägypten und wieder nach Kanaan. ER hatte also Wort gehalten - nur der Samen, die Nachkommen, das zahllose Volk - blieben aus.

Aber - unsere Geschichte setzt das Aber des Heils Gottes. Mit einem Aber wendet sich alles: der Engel des Herrn »fand sie«. Gott steht auf der Seite der Schwächsten, und Er kennt die Seinen, die Armen, die Ausgestoßenen, die Frauen mit Namen. »Hagar, Magd Saras«. Der Engel des Herrn weiß - aber er fragt, damit sie es selber sagen kann. Denn benennen ist ein Akt der Freiheit. Soll Hagar wieder Mut bekommen zum Leben und Vertrauen in die eigene Kraft, dann muß sie reden. Das nun tut sie. Der Engel hat ihr Herz und Mund aufgetan. Und dann spricht ER: »Geh zurück und gib dich unter ihre Hände« (16,8). Man kann keine Verhältnisse ändern, indem man sie flieht. Dort, wo die Konflikte sind, muß man sie aushalten und gemeinsam mit denen zu lösen versuchen, die sie (mit) verursacht haben. Konflikte können nur im Miteinander, im Dialog, in der Zwiesprache also, gelöst werden - oder gar nicht. Aber Hagar wird anders zurückkehren als sie geflohen ist. Denn der Engel des Herrn spricht über ihr Seine Verheißung aus. Verheißung für eine verzweifelte, abhängige Magd, die bisher dem Tode näher war als dem Leben:

»Siehe, du bist schwanger - und du wirst einen Sohn gebären - und du wirst seinen Namen nennen ›Ismael‹!« Das ist die nachgerade klassische »Formel der Sohnesgeburt« von Jes 7,14 und Lk 1,31.

Hier deutet sich ein Schema an: I. Schwangerschaftsnotiz, II. Geburtenankündigung, III. Namensnennung, IV. Erklärung des Namens.

Um die Funktion dieser Formel zu bestimmen, ist es erforderlich, den Kontext der ganzen Erzählung zu sehen und zu fragen: wem wird die Verheißung wann gegeben? Und zu welchem Zweck? Die Verheißung von Ismael soll der Mutter Hagar eine Zukunft eröffnen: das unterscheidet Gen 16,11 von Jes 7,14, wo die Mutter des erwarteten Kindes gar nicht angeredet werden kann, weil sie bei diesem Gespräch nicht dabei ist oder von Lk 1,31, wo von Marias eventuellen Sorgen und einer Notsituation überhaupt nicht gesprochen werden kann; das Motiv wird von der Geschichte bestimmt, gerade bei formaler Gleichheit der Aussage wird so Unterschiedliches »gesagt«.

Genau so wie später Maria, soll auch Hagar dem Kind einen Namen geben - nicht aber der Vater. Die Begründung für diesen Namen ist deutliche »Theologie Gottes«, der durch den Engel nochmals verkünden läßt, wo ER steht: bei den Armen. Denn auf das Elend Hagars hat ER gehört. Sein Herz gehört den Schwachen, den Zerschlagenen, den Hoffnungslosen, den Abgewiesenen. ER ist ein Gott der kleinen Leute und Habenichtse. Hagars Gott also. Und was sagt diese nur: sie nennt Seinen Namen: »Du bist ein Gott, der *mich* sieht.« Darauf kam es doch auch an in der Geschichte: nicht übersehen zu werden. Aber wer erblickt schon die im Finstern sitzen.., wer sieht schon die Elenden:

Gott hat Hagar angesehen. Davon lebt sie. Darum ist ihr das zum Namen Gottes geworden. Was Gott noch alles kann und womöglich vermag, ist hier gleichgültig. Wichtig ist allein die Beziehung zur Existenz. Die Getretenen haben nicht sehr viel Zeit für philosophische oder dogmatische Überlegungen; ER sieht - ER hat gesehen - ER wird mich weiterhin sehen. In dieser Möglichkeit theologischer Rede liegt Hagars Hoffnung. Darum kann sie auch zurückgehen. Wir wissen schon, wie das wieder *aus*gehen wird (Gen 21,8ff). Hagar hat ihre Zukunft noch vor sich, benennt den Brunnen, an dem sie saß als »Brunnen des Lebendigen, der mich sieht«, weiß, daß sie der Gnade teilhaftig gewesen ist, IHN zu sehen, und geht zurück und bringt in Ruhe und Frieden ihren Sohn zur Welt. Dieser empfängt seinen Namen von Abraham. Aber ändern kann auch er ihn nicht: dieser Sohn soll Ismael heißen, und so heißt er auch. Abraham denkt vielleicht, er sei ein Herr - aber er führt nur aus, was schon zuvor beschlossen und verheißen war: Er soll Ismael heißen. Es ist uns nicht erlaubt, Sein Heil zu hindern. Daß es uns nicht möglich ist, die Heilsgeschichte Gottes aufzuhalten, ist unsere Hoffnung. Hagar und Sara - diese Geschichte ist noch nicht zu Ende.

2. Sonntag nach Epiphanias: Genesis 17,9-22

ELFRIEDE BEGRICH

Namen sind Geheimnis und Offenbarung zugleich. Sie bleiben ein Geheimnis, auch wenn sie ausgesprochen sind und kein noch so klarer Schriftzug vermag ins Innere eines Namens vorzudringen.

»Zoe, komm endlich hierher!« Aber Zoe weiß, was die Kindergärtnerin nicht weiß: Sie heißt »die Lebendige«, und da ist Einreihen jetzt nicht dran.

Namen wecken Zustimmung und Staunen, Kopfschütteln und Entrüstung. In Namen machen sich Hoffnungen und Erfahrungen fest, Beruf und Bildungsstand der Eltern sind erkennbar, Mode und Tradition begegnen sich.

Namen sind Programm. Zukunftsprogramm für das neue Wesen. Manchmal beginnt die Zukunft am Ende eines langen Lebens. »Ich möchte Johannes heißen« gab Kardinal Roncalli bekannt, als er mit 77 Jahren zum Papst gewählt wurde. Ein nahezu abrahamitisches Alter. Nur: Könige und Prominente, Päpste und Nonnen, geben sich selbst neue Namen und damit eine neue Identität. Das vollzieht sich an dem biblischen Elternpaar etwas anders. Hier ist Gott der Handelnde durch und durch: Bundesschluss, Namensgebung, Segensverheißung. Alles ist allein Sein Tun, dass das Tun der Menschen als Antwort erwartet. Aber soweit sind wir noch nicht. Nähern wir uns erst einmal dem Geheimnis der Namensgebung Gottes an Abram und Sarai. Gott schenkt ihnen einen Buchstaben aus Seinem Namen (JHWH), das H: »Nicht mehr Abram (›mein Vater ist hoch erhaben‹), sondern Abraham (Vater der Völker) soll dein Name sein.« - »Und du sollst Sarai, deine Frau nicht mehr Sarai (›meine Fürstin‹) nennen, sondern Sarah (›Fürstin‹) soll ihr Name sein.« Fortan ist die Gegenwart Gottes in Sarahs und Abrahams Leben gleich im Namen zu erkennen und was sie sein werden, ist hier als Tun Gottes an ihnen verankert: Vater vieler Völker und Fürstin über zahlreiche Könige. Angeld zu dieser Verheißung ist die Teilhabe am göttlichen Namen.

Es ist eine grobe Vernachlässigung und völlig unzulässig, dass Sarah ihr h in der deutschen Übersetzung verloren hat. Hier gilt das Wort des Rabbi Jesus: »Solange Himmel und Erde stehen, soll nicht ein Jota noch der kleinste Buchstabe der Torah vergehen. Schon gar nicht das He (hebr.), denn das Geheimnis dieses Schriftbildes ist daran zu erkennen, dass es einem nach oben geöffneten Fenster gleicht. He heißt Fenster und ist in seinem Schriftzug als solches erkennbar, als das Fenster von drinnen nach draußen, von unten nach oben, vom Möglichen zum Unmöglichen, vom Himmel zur Erde. Solcherart beschenkt tragen sie dieses Fenster Gottes in ihrem Namen und damit in ihrem Wesen.

Von hier aus wird die ganze furchtbare Verkehrung schlagartig offenbar, als auf Anordnung vom 1. Januar 1939 jede deutsche Jüdin Sara und jeder Jude Abraham zwischen Vor- und Zunamen zu setzen hatte. Was Gott zur Erwählung bestimmte, hat der Mensch zur Vernichtung verkehrt. Was uns bleibt, ist die anhaltende Bitte um Vergebung und die Aufnahme der biblischen Wahrheit in unseren christlichen Glauben, dass der ewige Bund Gottes mit Seinem Volk Israel niemals aufgegeben ist, nicht der Ergänzung und nicht der Erfüllung bedarf.

Die Vergabe des Namens durch Gott ist und bleibt eine heilige Handlung, die vom Menschen beantwortet wird, indem er eintritt in den ewigen Bund mit Gott, sichtbar besiegelt durch das Zeichen der Beschneidung.

Nun liegt auf der Hand, dass nach göttlichem Ratschluss die Beschneidung allein vollzogen wird an allem, was männlich ist in Abrahams Hause. Was ist's um den weiblichen Teil des Volkes Gottes? Welches sichtbare Zeichen des Bundesschlusses ist ihnen aufgetragen?

Hilft dieser heidnischen Frage die Antwort auf eine ebenso heidnische Frage auf, die da lautet: »Wenn Gott die Beschneidung so wertschätzt, warum wurde das Zeichen der Beschneidung dann nicht bereits Adam bei seiner Schöpfung gegeben?«

Rabbi Jehuda antwortet: »Fast alles, was in den sechs

Schöpfungstagen erschaffen wurde, bedarf der Vervollkommnung - sogar der Mensch.« Da jubelt doch das feministische Herz! Die Frau braucht diese Vervollkommnung nicht. Sie ist IHM gleich vollkommen gelungen! Nun, so hochmütig und selbstsicher kommt auch eine feministische Theologie nicht daher. Ist es doch so: Die Beschneidung ist kein Akt, der den Neugeborenen zum Juden macht. Sie bedeutet vielmehr die Weihe und Heiligung des jüdischen Menschen von Geburt an. Und in diese Weihe und Heiligung wird alles, was männlich und weiblich ist, mit hinein genommen. Die älteste Liturgie (1554) zur Namensgebung eines Mädchens ist sephardischen Ursprungs und lautet: »Der gesegnet hat Sarah und Rebekah, Rahel und Leah, die Prophetin Mirjam, Abigail und die Königin Esther, der segne dieses liebliche Mädchen, und sie erhalte den Namen ... zu gutem Glück und in segensreicher Stunde. Gott lasse sie heranwachsen in Gesundheit, Frieden und Ruhe. Gott beglücke ihren Vater und ihre Mutter, auf dass sie schauen mögen die Freude dieser ihrer Tochter, ihre Hochzeit, ihre Nachkommen, ihren Reichtum und ihre Ehre. Frisch und gesund möge sie im Greisenalter noch blühen. Dies sei der Wille Gottes. Amen.«

Die christliche Tradition der Taufe hat im Zusammenhang von Namensnennung und Segnung des zu taufenden Menschenkindes Teile dieser alten jüdischen Tradition aufgenommen. Sollten wir nicht den Wunsch nach Hineinnahme in die Reihe der von Gott gesegneten Mütter und Väter auch in unserer Taufliturgie hörbar machen?

Denn, da ist doch noch eines, was uns Heutige verbindet mit dem Elternpaar Sarah und Abraham. Und das ist die so kleine menschliche Reaktion auf die so große göttliche Verheißung: Sie lachen: Beide. Zuerst lacht Abraham (17,17), später lacht Sarah. Sarahs Lachen ist an ihr hängengeblieben. Abrahams nahezu vergessen worden. Liegt das daran, dass die jüdische Tradition das abrahamitische Lachen als Jubel interpretiert, das der Sarah als Unglaube? Eine zweifelhaft, nur mit großherzigem Schmunzeln zu begleitende Interpretation. Denn ist es nicht in Wahrheit gerade das atemlose Staunen und die übermäßige Freude in Einem, das der Verheißung Gottes den Weg zu uns bahnt?!

3. Sonntag nach Epiphanias: Genesis 18,1-16a

WALTER MARTIN REHAHN

Dieser Text ist einer der schönsten und geheimnisvollsten in der Torah. Seine Schönheit entspringt der Schilderung von Gastfreundschaft unter Bäumen und mündet in ein Lachen hinter Zeltwänden. Sein Geheimnis liegt beschlossen in der Dreizahl der Gäste und der Frage, wer sich dahinter verbirgt. Beides, Schönheit und Geheimnis des Textes, forderte ganz unterschiedliche Ausleger heraus, solche mit Kenntnissen in Grammatik und Dogmatik und solche mit Fertigkeiten in Mosaikkunst und Malerei. Verbindend war und ist zwischen ihnen die Sorgfalt der Beobachtung, das Gespräch miteinander und mitunter eine etwas spekulative Phantasie. Im Ergebnis ihrer Beschäftigung entstanden umfängliche Kommentare und zahlreiche großartige Kunstwerke.

Die Gelehrten, gleich ob Juden oder Christen, wollten das Geheimnis des Bibeltextes lüften. Sie taten es, indem sie Textüberlieferungen verglichen, auf kleinste Nuancen der Grammatik achteten und die Bedeutung der Worte und Sätze wogen. Aber sie dachten sich auch mit Phantasie in die geschilderte Situation hinein und gaben auch dadurch der Deutung die eine oder andere Richtung. Sie analysierten, interpretierten, und gelegentlich schrieben sie voneinander ab.

Die Künstler hingegen wollten der Schönheit und dem Geheimnis dieses Textes bildliche Gestalt verleihen. Sie nahmen Gedanken und Deutungen der Gelehrten auf und akzentuierten auf ihre Weise Details und ließen andere weg. Mitunter wird leicht übersehen, dass jeweils Interpretationen ins Bild gesetzt wurden und nicht bloße Illustration des Textes.

Auf uns gekommen ist also ein großer Reichtum an Deutungen dieses Textes in Wort und Bild. Nicht alles davon ist erhellend, so dass das ursprünglich Gesagte im rechten

Licht aufscheint. Bisweilen scheinen sich goldglänzende Mosaiken oder leuchtende Ikonen verdunkelnd vor den alten Text zu schieben. Ebenso kann das überhelle Licht präziser Analysen sein Geheimnis zum Verschwinden bringen, statt es zu lüften. Denn auch ein Unmaß an Gelehrsamkeit führt nicht notwendig tiefer in den Text hinein, sondern manchmal auch schlicht von ihm weg.

Trotzdem ist die Vielfalt der Deutungen und Interpretationen zu begrüßen, sind doch Umwege und Abwege nicht zwangsläufig umsonst. Ja, wer immer sich auf den Weg zu diesem Text macht, gelangt wohl eher in das Labyrinth der Deutepfade, als dass er den geraden Weg zu ihm findet, der schon von Ferne unverstellte Sicht gewährt.

Es lohnt sich also, einige der alten Wegeskizzen und Kartenrisse zu kennen, bevor man die Reise antritt.

I. Das Geheimnis der Dreizahl

Wie schon gesagt, das Geheimnis des Textes liegt beschlossen in der Dreizahl der Fremden, die plötzlich vor Abraham stehen. Um wieviel einfacher wäre es, wenn da stünde: »Und der Engel des HERRN erschien Abraham im Hain Mamre...« Nun aber erscheint ihm kein Engel, sondern der HERR (V 1a). Was Abraham allerdings vor sich sieht im flirrenden Licht der Mittagshitze, sind drei Männer. Seine zeitlupenartig geschilderte Wahrnehmung korrespondiert mit der intuitiven Einsicht, dass Gott hier auf wunderbare Weise anwesend ist. Die Dreizahl der Männer scheint ihn keinen Moment zu irritieren. Abraham erkennt in ihnen zugleich Gott und Gäste und handelt dementsprechend. Warum können die drei nicht »prophetische Männer, irdische Wesen von Fleisch und Blut« (Benno Jacob) im Auftrage Gottes sein? Irritierend ist freilich die an sie gerichtete Anrede Abrahams: »Herr, habe ich Gnade gefunden vor deinen Augen, so geh nicht an deinem Knecht vorüber.« (V 3) Eindeutig ist mit »Herr« Gott angesprochen. Dies hat nun bei manchen Auslegern zu der Annahme geführt, Gott sei außer den Wandergästen anwesend; Abraham wollte erst rasch die Gäste bewirten, und bittet Gott so lange zu warten. Aber kann die Aufnahme von Gästen höher stehen als die Begrüßung Gottes? Wie dem auch sei, Eile ist geboten, damit ihnen rasch alle Annehmlichkeiten zuteil werden können. Dann erst ist Zeit für ein Gespräch. Hierbei wechselt in Rede und Anrede Einzahl und Mehrzahl, erst in V 13 ist es ausdrücklich der HERR, der spricht.

In der jüdischen Auslegung findet sich ein anderer Versuch, das Geheimnis der Dreizahl zu lösen: Drei Erzengel (in Gestalt von drei Männern) seien zu Abraham gekommen: Michael, Gabriel und Raphael. Jeder hat einen Auftrag, »weil nicht ein Engel zwei Aufträge erfüllt« (Raschi). Raphael soll den kurz zuvor beschnittenen Abraham heilen, Michael soll Sara die Botschaft bringen und Gabriel soll Sodom zerstören. Mit dieser Erklärung wird der Besuch der drei mit den voraufgehenden und folgenden Ereignissen verklammert. In einer Pessach-Haggada aus Norditalien (15. Jh.) finden sich Illustrationen zu dieser Deutung: An einem weißgedeckten Tisch bewirtet Abraham drei Engel, die sich durch die Farben ihrer Gewänder unterscheiden: grün, rot, braun. In dem unmittelbar darunter befindlichen Bildchen sieht man den rotgewandeten Engel Brände legend über die Stadt Sodom fliegen.

Ein dritter Erklärungsversuch sieht den HERRN persönlich in Menschengestalt mit zwei Begleitern bei Abraham erscheinen. Hier knüpften einige Kirchenväter an, die die Geschichte als Erscheinung des präexistenten Christus mit zwei Engeln verstanden. Es liegt nahe, als Bezug Johannes 8,56 zu zitieren, wo Jesus sagt: »Abraham, euer Vater, wurde froh, dass er meinen Tag sehen sollte, und er sah ihn und freute sich.« sowie V 58b: »Ehe Abraham wurde, bin ich«. Es war dann nur noch ein Schritt, in den drei Männern einen geheimnisvollen Hinweis auf die Dreieinigkeit von Vater, Sohn und Heiligem Geist zu sehen. Als später die Trinität nach heftigen Auseinandersetzungen als christliches Fundamentaldogma festgeschrieben wurde, blieb die Ikonographie der Dreieinigkeit wesentlich mit dieser Geschichte verbunden.

II. Gastfreundschaft oder Die Macht der Bilder
Auf einem Mosaik (vor 340) in der Kirche Santa Maria Maggiore in Rom sieht man im oberen Teil Abraham auf drei weißgewandete, bartlose, junge Männer zulaufen. Die

Häupter der drei sind von Heiligenscheinen umgeben, der Körper des mittleren ist zusätzlich in eine Lichtmandorla gehüllt. Das untere Register stellt die drei an einem Tisch sitzend dar, die unterscheidende Mandorla ist hier weggelassen. Auf dem Tisch befinden sich drei Kuchen, Abraham serviert in einer Schüssel Fleisch. Links von ihm, im Eingang eines Zeltes oder Hauses bereitet Sara die Kuchen auf Abrahams Weisung hin zu. Vor dem Tisch der Gäste steht ein großes Wassergefäß.

Eine ähnliche Darstellung findet sich als Mosaik aus dem 6. Jh. in San Vitale in Ravenna. Auch hier sind die drei als jungen Männer mit Nimben, aber ohne Flügel dargestellt. Die Interpretationsoffenheit des Bibeltextes scheint in diesen Bildern noch gewahrt.

Das änderte sich, denn in der Ostkirche wurde die engelgestaltige Darstellung der Dreieinigkeit zu einer bestimmenden Bildtradition, bis hin zur berühmten Ikone »Troica« (Dreinigkeit), die Andrej Rubljov 1411 schuf. Damit legte man sich durch Bilder auf eine bestimmte Interpretation des Textes fest: Der unbefangene Betrachter sieht drei Engel, wo im Text nur »Männer« genannt sind. Das Engelbild prägt sich ein und legt sich im Gedächtnis gleichsam über den Text. Der Kundige geht noch weiter und vermutet hinter bestimmten Dispositionen der Engel zueinander, in den Farben ihrer Gewänder, in ihrer Körpersprache usw. symbolische Darstellungen von inner-trinitarischen Beziehungen, ja, er meint ein »schweigendes Gespräch« der drei zu erahnen.

Der Name dieser typologischen Tradition: »Philoxenia« (griech. »Gastfreundschaft«, eigentlich »Freundschaft, Liebe zum Fremden«) lenkt den Blick zunächst wieder auf die Schönheit des Textes.

Was für ein Gastgeber ist Abraham, der nach Eintreffen der drei unentwegt »eilt«, um ihnen Gutes zu tun! Er verspricht »einen Bissen Brot« als Labsal fürs Herz und serviert statt dessen ein Festmahl. Die Details daran, wie die Unmenge Kuchen, den Sara aus feinstem Mehl backen soll, oder das noch unproblematische Nebeneinander von Rahm, Milch und Kalbfleisch, diese Details feiern die Schönheit der Gastfreundschaft. Die ostkirchliche Bildtradition er aber biegt diese nomadische Idylle langsam um: Der schattenspendende Baum wird immer kleiner und verschwindet schließlich ganz, das Zelt verfestigt sich zu städtischer Architektur. Der im Text nicht erwähnte Tisch wandelt sich aus einer anfänglich fragilen Holzkonstruktion zur stattlichen Tafel mit zahlreichem, kostbaren Geschirr.

Doch dies bleibt nicht so, das Geschirr verschwindet wieder; auf Rubljovs Ikone »Troica« ist von den Speisen Abrahams: Milch, Buttermilch, Kuchen und Kalbfleisch nichts mehr zu sehen. Einzig eine Schale ist verblieben mit dem Haupt eines Lammes darin, Hinweis auf das Opfer Christi. Aus dem gastlichen Holztisch Abrahams wurde ein Altar. Gott selbst ist es nun, der einlädt: Zum eucharistischen Mahl.

III. Gottes Humor und das Lachen im Zelt

Auf manchen der Ikonen tritt Sara aus dem Zelt heraus und trägt auch Speisen auf. Im Text steht davon nichts. Was aber die symmetrisch aufgebauten Bilder mehr als dieser deutlich machen, ist Saras Ebenbürtigkeit. Denn man darf nicht vergessen: Der Besuch gilt eigentlich ihr. Was sie erfahren soll, weiß Abraham schon (Gen 17,16-22). Sara soll nun auch persönlich der Sohn verheißen werden. So wirkt es fast skurril, dass die, der eigentlich der Besuch der drei Männer gilt, nur sehr indirekt und durch Zeltwände mit den Gästen kommuniziert. Das haben die Künstler (und neuerdings auch die Verfilmer der Abrahamsgeschichten) nicht ausgehalten. Dabei spricht doch die ganze Szene sehr für Gottes Humor. ER kommt und wahrt die Sitte: Die Frau des Gastgebers bleibt im Zelt. ER fragt nach ihr, ruft sie aber nicht heraus. Hinter dem Zelteingang versteht sie jedes Wort und draußen hört man ihr verhaltenes Lachen. Auch darin ist sie ihrem Mann gleich, denn dieser hatte ebenfalls gelacht, als ihm im hohen Alter der Sohn verheißen wurde (Gen 17,17). Doch worüber lacht Sara? Nicht über den verheißenen Sohn, sondern über bevorstehende Liebesspiele im Greisenalter. Was in der revidierten Luther-übersetzung zu »Liebe« verharmlost wurde, hieß früher herzhaft »Wollust«: »Nun ich alt bin, soll ich noch Wollust pflegen, und mein Herr auch alt ist.« (V 12b

in der Canstein-Bibel von 1853; unrevidierte Lutherüber-
setzung). Nun ist Sara allerdings erschrocken, da man dies
draußen gehört zu haben scheint. Doch feinfühlig zitiert
man sie außerhalb der Zeltwände leicht verändert, redet
von Gebähren und nicht von Wollust. Sollte dem HERRN
etwas unmöglich sein? Dieser Satz ist der Dreh - und
Angelpunkt des Glaubens. Sara hört ihn jedoch zunächst
als Zurechtweisung. Sie erschrickt und streitet durch die
Zeltwand ab, gelacht zu haben. Das aber lässt man draußen nicht gelten: »Es ist nicht so, du hast gelacht.« (V 15b).
Sara wird nicht etwa kleinlich zurechtgewiesen, sondern
es ist »von Wichtigkeit, daß auch Sara ebenso wie Abraham
gelacht hat, damit auch ihr Lachen den Namen Isaak
rechtfertigt« (Benno Jacob: Das Buch Genesis, Stuttgart
2000, S. 445).
Sollte dem HERRN etwas unmöglich sein? Etwa Humor?

4. Sonntag nach Epiphanias: Genesis 21,14-20

FRIEDEMANN STEIGER

Da ist einer zum Lachen geboren. Isaak, der zweite Sohn
Abrahams, ist geboren. Eine ganze lange Woche wird das
gefeiert. Am achten Tag wird das Neugeborene beschnit-
ten. Nun gehört es zu Abrahams Volk. So hat es Gott geboten. Wollen wir Abraham mit Freude und Dank in die
Wüste folgen? Was mag er seinem Gott gesagt haben? »Ich
danke dir, mein Gott... Ein Wunder ist geschehen. Alle lachen. Du lachst. Ich lache. Sara lacht. Da ist einer zum Lachen geboren. Als ich jung war, hast du mir einen Sohn
verheißen. Jetzt im hohen Alter bekomme ich ihn. Bei mir
geht das ja noch. Ich habe bis heute meinen Spaß mit Hagar. Aber Sara, in diesem Alter?

Was muss ich jetzt tun? Nun habe ich zwei Söhne. Sara hatte mir Hagar, ihre ägyptische Magd, gegeben. Die hat ihr Kind, Ismael, auf deren Knien und in ihren Armen geboren. Sara nahm dieses Kind, als ihren Sohn an. Sie selbst schien für alle Zeit unfruchtbar zu sein. Nun diese Freude. Aber auch die Sorge, wie es weitergehen soll...«

Können wir uns vorstellen, dass Abraham drei Tage in der Wüste ausgehalten hat, ohne zu essen und zu trinken? Vielleicht hatte er einen schattigen Platz hinter einem Felsen gefunden. Vielleicht war er mitten am Tag völlig entkräftet eingeschlafen, wachte auf und sah Gott ins Angesicht. Vielleicht sah er auch nur in die Sonne und hörte Gott sprechen. Warum soll er ihn nicht gehört haben? Eine gewaltige Stimme: »Abraham, ich habe dich erwählt. Ich habe etwas vor mit dir. Du weißt das ganz genau. Warum fragst du jetzt so töricht? Bist du deiner nicht sicher? Denkst du, die drei Männer waren es? Oder einer von ihnen? Du denkst vielleicht, Lot habe sie geschickt, um auf Umwegen zu deinem Erbe zu kommen? Schließlich hat er Enkel mit seinen Töchtern und will eine mit Isaak vermählen. Sodom und Gomorra. Es geht ums Erbe. Ich habe dich auf die Probe gestellt in all den Jahren. Ich habe ein Auge auf dich gehabt. Du dachtest, ich hätte mein Versprechen vergessen. Du warst ungeduldig. Du hattest kein Vertrauen. Inzwischen treibst du es mit Hagar. Sara weiß das. Sie duldet das. Sie will es sogar. Aber du hast Angst vor ihr. Ismael ist ein tüchtiger junger Mann geworden. Ein richtiger Beduine. Er wird Isaak bald mit zur Jagd nehmen. Sie werden Freunde werden...«

Gott war jetzt nicht mehr so laut zu vernehmen. Aber Abraham hörte sehr gut, was er ihm sagte: »Statt auf meinen Segen zu warten, hattest du den Wunsch, Land zu besitzen. Du bekamst das Land. Statt auf meinen Segen zu warten, wolltest du Schätze und Reichtum. Du hast beides erhalten. Einen Teil, als du deine Frau Sara an den ägyptischen Pharao für seinen Harem abgabst und als deine Schwester ausgabst, weil du um dein jämmerliches Leben Angst hattest und er sie fürstlich dafür belohnte, und den anderen Teil, weil du fleißig warst mit deinen Knechten. Statt auf meinen Segen zu warten, hast du dich etwas zu viel um Hagar gekümmert. Sie hat deine Manneskraft immer wieder entfacht. Aber sie hat auch mit ihrem Seufzen, Stöhnen und Lustgeschrei deine gute Sara erschreckt und verunsichert. Denn ihr Zelt stand nicht weit weg und die Mauer, die du dazwischen gebaut hattest, schluckte die wonnigen Laute nicht.«

Gott wurde wieder etwas lauter: »Habe ich dir nicht die Gabe der Rede gegeben? Rede mit deiner Frau Sara! Die Worte sind dazu da, Wahrheit weiterzugeben. Auch Wahrheit über mich. Tu das und schlichtet eure Streitigkeiten menschlich. Dein Arm ist zum Umarmen da. Nicht zum Schlagen. Redet miteinander und du wirst mich verstehen.«

Ismael und Isaak - Sie spielen und jagen zusammen.

Sie mögen sich, die beiden Söhne Abrahams. Sie spielen zusammen. Sie gehen zusammen auf die Jagd. Mit Pfeil und Bogen. Stellen wir uns vor, sie bringen zwei Hasen, ein Rebhuhn und eine Urukatze. »Isaak hat mir beim Anpirschen geholfen«, sagt Ismael. »Er hat ein richtiges Falkenauge. Sogar im Dunkeln durchschaut er das Gebüsch.« Hagar staunt, teils überrascht, teils gespielt. »Hol deine Eltern zum Abendbrot. Ich bereite alles vor. Euer Vater Abraham soll sehen, was für tüchtige Jäger ihr seid...«

Bei Sara aber ist Lot. Er sät Gift in den Frieden. »Hast du schon bemerkt, wie sehr sich die beiden Söhne Abrahams verstehen? Das ist nicht gut. Es ist sicher nicht der Wille deines Mannes und auch nicht der seines Gottes. Sie hängen ja wie Kletten aneinander. »Abraham ist froh«, sagt Sara, wenn seine Söhne sich verstehen und sein Gott sicher auch. »Du siehst das nicht richtig«, antwortet Lot, »dein Sohn Isaak muss das Erbteil des Erstgeborenen bekommen. Hagar wird sich mühen, wenigstens die Hälfte zu erben« - »Du denkst nur an eine deiner Enkelinnen, die im Alter zu Isaak passen würde,« bemerkte Sara auffällig gehässig. »Suche dir für deine Brut, nachdem du deine eigenen Töchter geschwängert hast, Ehemänner unter den Kanaanitern. Denen macht das vielleicht nichts aus... Mit Abrahams Erbe musst du dich nicht beschäftigen.« Aber das Gift wirkte und wirkte...

Es gibt ein kräftiges Mahl und Saras Befehl: »Der Sohn der Magd darf nicht erben.«

Ismael trägt das Mahl auf. Halb Wüstenprinz, halb ägyptischer Leibdiener. Sara sieht Ismael mit Wohlgefallen an. Hagars Erstgeborener von Abrahams Lenden. Ein Ebenbild beider Personen. Als sie aber Isaak ansieht, verkrampft sich ihr Herz. Er ist nicht von dieser Leichtigkeit wie Ismael. Er ist nicht so fröhlich und unbeschwert. Er ist ein Beduinenkind. Der Spross eines hebräischen Stammes. Entsprungen dem Schoß einer Hebräerin. Der Boden ist wichtig für die Pflanze. Ismael stammt zur Hälfte aus dem fruchtbaren Boden des Niltales. Isaak ist eine Wüstenpflanze. Wer wird es einmal weiter bringen? Sara quälen die Ängste und Zweifel. Lots Gift wirkt. Es zergiftet eine Familienidylle.

Hagar hat sogar ein paar Musiker besorgt. Zwei Tänzerinnen wiegen sich im Takt. Sara denkt an ihre Zeit am Hof des Pharaos. Sie war seine schönste Nebenfrau. Der herrliche Palast fällt ihr ein. Die heißen Nächte am Nil. Die glühende Zuwendung des Pharao....

Auf dem Heimweg, es waren nur wenige Meter, beschließt Sara, Hagar und Ismael müssen weg. Lots Gift. Später am Abend sagt sie zu Abraham: »Jag sie fort, die Dienstmagd. Schicke Hagar und Ismael in die Wüste!« Und weiter: »Alle Schätze und das ganze Vieh hat der Pharao mir vermacht.« Das war sicher nicht ganz falsch. Abraham wollte aufbrausen. Aber da hörte er wieder die Stimme: »Lass es dir nicht missfallen wegen des Knaben und der Magd. Alles, was Sara dir gesagt hat, dem gehorche, denn nur nach Israel soll dein Geschlecht benannt werden. Aber auch den Sohn der Magd will ich zu einem Volk machen, weil er dein Sohn ist.« - Abraham ist bedrückt, niedergeschlagen, verzweifelt, voll seelischen Kummers. Gottes Wort und die keifende Stimme seiner Frau. Wieso steht Gott auf Saras Seite? Die aber dachte, wenn Abraham bereit ist, Hagar und Ismael zu vertreiben, was wird er mit Isaak machen, wenn Gott es von ihm fordert?

Da steht Abraham früh am Morgen auf... und schickt Hagar mit Ismael in die Wüste. Der Proviant ist unzureichend. Alles wird sehr nüchtern geschildert. Gefühle scheint es nicht zu geben. Mit dieser Frau hat er seine schönsten Stunden verbracht. Er liebt sie. Sie ihn auch. Sie war zufrieden mit ihrer Rolle als Dienerin.

Und nun das. Dann wird es richtig dramatisch: Hagar irrt in der Wüste herum. Das Kind verdurstet. Es gibt hier auch unterschiedliche Erzählstränge. Vorher wird von dem Fest der Entwöhnung Isaaks gesprochen, an dem Ismael »Mutwillen getrieben« habe, da könnte Isaak also höchstens etwa drei Jahre gewesen sein. Das passt nicht dazu, dass sie Ismael unter einen Busch warf und sich weiter weg setzt, weil sie dem Tod ihres Sohnes nicht zusehen mag. Denn Ismael müsste da vierzehn Jahre und älter gewesen sein. So einer lässt sich nicht einfach unter einen Busch werfen. Gott aber hört die Stimme des Knaben. Ein Engel kommt. Gott selbst. Engel sind Erscheinungsformen Gottes. Hagar soll das Kind nicht aufgeben: »Lass deine Hand fest sein an ihm!« Gott hat noch Großes vor. Das verdurstende und von der Mutter aufgegebene Kind soll zum großen Volk werden. Die Landverheißung und die Berufung in ein besonderes Gottesverhältnis fehlen. (Natürlich lassen sich die beiden Fassungen unserer Geschichte in Kapitel 16 und 21 auch richtig vergleichen. Das aber ist bestimmt schon weiter oben geschehen. So halten wir uns an unsere Fantasie und an das Buch von Laszlo Bito: »Abraham und Isaak«. Es lässt uns mehr Spielraum.)

Abrahams Klage. Es sind Fragen, die Abraham hat. Keine intellektuellen, sondern ganz existentielle. Schreie. Aus einer tiefen Verletzung geboren. »Sieh meinen Schmerz, Herr und meine Verzweiflung. Mein Sohn Ismael verdurstet in der Wüste. Herr, wie schön war es mit Hagar. Ihre Schönheit, ein Fraß für die Geier. Soll das nun dein Segen sein? Sind wir nur Werkzeuge in deiner Hand? Benutzt du uns und wirfst du uns dann wieder weg? Gibst du mit der Rechten und nimmst mit der Linken? Hast du Freude an unserer Pein? Bist du vielleicht neidisch auf unsere Lust? Und: Was ist mit deinem Bund? Andere Götter darf ich nicht anbeten? Was soll ich machen, wenn du mir nicht hilfst? Du hast uns befohlen, die Vorhaut unseres Mannesgliedes zu beschneiden. Sollen wir damit gebrandmarkt sein wie die Sklaven in Ägypten? Sind wir deine Sklaven, Herr? Wieso hast du uns erwählt? Warum hast du mir das alles gegeben, nur um es mir jetzt wieder zu nehmen? Willst du mich auf die Probe stellen? Hast du wirklich alles in deiner Hand?

Überlässt du uns nicht zeitweise dem großen Zerstörer? Sind wir ein Spielzeug in deiner Hand? Treibst du dein Spielchen mit uns? Gibt es uns nur, wenn es dir passt? Hast du uns satt, wirfst du uns weg? Dann wirfst du deine Geschöpfe in die Ecke....

Was wir gehört haben aus dieser Geschichte:

1. Es sind alles ganz normale Menschen, von denen erzählt wird. Ich würde sagen, wie du und ich, wenn wir nicht andere moralische Verhaltensweisen hätten. Von Sodom und Gomorra berichten unsere Zeitungen allerdings täglich. Die Unterschiede zu damals sind so gewaltig auch wieder nicht. Entrüstung können wir uns schenken. Wer wird nicht alles »in die Wüste geschickt«? Alte Eltern, die eigenen Kinder, die Ehegatten, Kollegen, Freunde, sogar die persönlichen Überzeugungen, an die sich einer sein Leben lang gehalten hat. Einer entdeckt mal schnell eine Millionen Mark auf seinen Konten, von denen er nicht weiß, woher sie kommen. Was bedeutet es dagegen, dass Lot seine Töchter schwängert und Abraham seine Frau an den Pharao vermietet. Im Niederländischen heißt »mieten« »huren«. Wenn einer nicht an Gott glaubt, ist alles *erlaubt*. Wieviel mehr, wenn das alles bei Gläubigen möglich ist. Auch sie machen sich ihre Wahrheiten zurecht.

2. Was muss unser Gott nicht alles ertragen von damals bis heute? Immerhin war Abraham der erste, der an den einen, unsichtbaren, nichtbeweisbaren Gott glaubte. Aber er hätte auch gern etwas gesehen. Die »Stimme« in der Wüste hört er nicht unvermischt. Viel eigene Klänge schwingen mit. Die dunklen Seiten des Menschen. Der Wüstenwahnsinn. Wofür sind wir wirklich bestimmt? Warum weichen wir ab von den Wendungen zum Guten? Warum handeln wir gegen unser Wissen? Warum ist uns der Sinn abhanden gekommen? Es ist ganz einfach: Weil unsere Götter sich vermehren, wie die Zustände, in denen wir uns befinden. Weil die Macht des Sichtbaren oder zumindest unsere Sehnsucht danach unsere Tage und Nächte blenden. Weil wir die Dinge in der Hand haben wollen oder zumindest jederzeit verfügbar auf der Kasette und...

3. weil uns die Wüste fremd ist. Das zumindest können wir von Abraham lernen, dass uns die Wüste nicht wahn-

sinnig machen muss. Es gibt die »Stimme«. Darum geh in
die Knie. Der Knabe Ismael wächst heran. Er wohnt in der
Wüste Paran. Seine Mutter nimmt ihm eine Frau aus Ägyptenland. Er wird ein guter Schütze. Er wird wahrhaftig ein
großes Volk. Die Muslime berufen sich auf ihn. Die Christen berufen sich zusammen mit den Juden auf Abraham,
Isaak und Jakob. Die Geschichte Gottes mit den Menschen
geht weiter. Einmal wird einer kommen, auf den sie damals
gewartet haben. Ob er vielleicht schon da war? Haben wir
darüber unser Leben geändert? Sind wir anderen zum Segen geworden?

5. Sonntag nach Epiphanias: Genesis 32,23-32

MARTIN UHLE-WETTLER

Mächtiger als das Schicksal? Die uralte Geschichte erzählt
von Ungeheuerlichem. Wenn man sich ihrem Duktus, der
inneren Dramatik des Geschehens überläßt, stockt einem
sozusagen der Atem. Fast alle ihre Motive wirken indessen
archaisch, d. h. sie liegen für uns, wenn ich es recht sehe,
in großer Ferne.

Ich verweise zunächst auf die außerordentlich beeindruckende, souveräne Auslegung Gerhard v. Rads (ATD
1. Buch Mose S. 278-284), die unsere Arbeit am Text stark
anregen kann. Aus diesem Grund werde ich versuchen,
eine punktierte Linie zu uns Heutigen zu ziehen.

1. Zur Situationserkundung: Die Nacht am Jabbok und unsere Nächte. Die Erzählung des Jahwisten ist vielschichtig,
ja komplex. Ich wähle einen Strang aus: Da ist einmal der
Schrecken dieser Nacht. Die Nacht ist für den Hebräer etwas ganz anderes als für uns, die (zugelassene!) Wieder-
kehr des Chaos, der Tehom (Gen. 1,2). Im Zeitalter der All-

verfügbarkeit von Elektrizität können wir diese Grundierung nur schwer nachempfinden. Es herrscht Nacht, unheimliche Stille, selten bewegt sich etwas in dieser engen Schlucht, vielleicht ein Tier, ein Vogel. Und nun muß der Durchgang über eine Furt gesucht und gefunden werden. Die nächtlichen Wanderer bis zum Hals mitunter im Wasser (das Todessymbol!) tasten vorsichtig den Grund ab..., es gurgelt und brodelt um sie, aber sie erreichen glücklich das andere, rettende Ufer.

Nur Jakob, der wohl etwas zurückblieb, fällt plötzlich ein Unhold (v. Rad), ein Flußdämon (Gunkel) an - so die älteste Schicht; ein furchtbares Es, das aber Jahwe in bestimmter Hinsicht zu gebrauchen weiß...

Wo soll man in diese uralte Geschichte einsteigen? Unsere Ängste und Befürchtungen sind zu Beginn des 21. Jahrhunderts anderer Art. Dennoch verbindet uns ein großes Interesse mit jener Zeit. Das ist die Bewältigung des eigenen Lebens. Da tappen wir wohl alle, was den letzten tragenden Grund angeht, fast ausnahmslos im Dunkeln. Bei einer Konsultation erklärt 1999 der Erfurter Hochschullehrer Tiefensee: Ostdeutschland liege im »Kernschatten der Gottesfinsternis«. Ich halte solche Bezeichnung eher für mystifizierend. - Jedoch: Wenn der Durchschnittsmensch überhaupt noch an etwas »glaubt«, dann wohl am ehesten an das (eigene) »Schicksal« oder den »Zufall«.

2. Versuch einer Deutung: Schicksal oder Geschick? Wer schickt es? Jakob wird als Kämpfer von großer Mächtigkeit geschildert (V 27), der auch im Clinch mit dem Unheimlichen nicht zu besiegen ist. Ich nehme diesen Überlieferungsfaden auf und frage:

Womit haben wir, außerhalb der Ordnungen Israels lebend, zu ringen? Die Situation der Einsamkeit oder gar Verlassenheit, des mitunter verzweifelten Kampfes gegen Widriges, das plötzlich hereinbricht, ja einen geradezu anfällt, wird manchem Predigthörer nicht unbekannt vorkommen. Vieles bündelt sich in der Frage: Ist dies mein oder unser Schicksal? (Doch wer schickt es?) Unterscheiden wir uns in der Hinsicht gar nicht so sehr von den Nicht (mehr)-Christen?

Wir versuchen jetzt etwas tiefer in die uralte Erzählung einzudringen. Es gibt im Deutschen zwei Worte für fatum, nämlich »Schicksal« und »Geschick«. Nach dem etymologischen Wörterbuch (Akademieverlag Berlin 1989 S. 553) hat letzteres stärker eine positive Bedeutung. Es bedeutet »die Fähigkeit, etwas in rechter Weise zu tun«, so ja noch umgangssprachlich: Er ist aber un-geschickt, im Arbeiten.

Versucht Jakob bei seinem langen, mitunter verzweifelten nächtlichen Ringen das »Es« in ein »ER« zu verwandeln? Also die Odyssee seines Lebens - durch den Tod hindurch (man vgl Gen. 27 bis hin zu Gen. 32,27-30) nicht einfach als schicksalshaft, sondern auch als sinnvoll, ja gefügt zu begreifen. Um diesen Sinn (ursprüngliche Bedeutung - auch - Weg, nämlich des Verstehens) muß er jedoch bis zur Erschöpfung »ringen«. Auch und gerade mit Jahwe, der ihn beschädigt (die archaische Schicht). Vielleicht sogar bleibende Schmerzen zufügt. Es ist hier an Luthers Unterscheidung zwischen dem verborgenen, und dem sich offenbarenden Gott zu erinnern. Im Grau(en) der Welt und ihrer Geschichte ist er oftmals hinter einer Larve, einer Maske, zutiefst (für uns) verborgen... Mit wenigen Sätzen würde ich davon sprechen: Das ist zunächst und vor allem Israels Erfahrung (bis hin zu Auschwitz), nicht einfach die unsrige! Der vorgeschlagene Text läuft ja in V 27-30 auf ein Zwiegespräch von seltener Dichte hinaus, in dem das Geheimnisvolle dieser endgültigen Begegnung voll gewahrt bleibt. Danach tut sich am Pniel ein Weg auf, den der Erzvater mühsam und doch selig (!) vorwärts humpeln kann.

3. In der Morgenröte eines kommenden Tages
Die Überschrift greift eine Formulierung Luthers auf, die weit in die Zukunft weist. Für den letzten Epiphaniassonntag schlage ich als Predigtthema: »Gottesbegegnungen« (einst und jetzt) vor. Dabei würde ich wahrscheinlich versuchen, Jakob ein Stück seines Weges zu begleiten. Der Einstieg in die Perikope sollte m. E. bei V 27b und dann vor allem bei V 32 erfolgen. Das Sonnensymbol steht hier gewiß, wie in unseren Gesangbuchliedern, für überirdische Mächtigkeit, die Fülle des Lebens schlechthin.

Der jüdische Philosoph Ernst Bloch hat für unser abstraktes Theologenwort »Eschaton« die wunderbare Formulierung gefunden: »Aller Abende Tag«. Auf diesen leuchtenden Horizont gehen wir, manchmal etwas humpelnd, an der Seite (dieses!) Israels zu.

Letzter Sonntag nach Epiphanias: Genesis 35,1-15

MARC POKOJ

Nur das, wonach man sich sehnt, besitzt und hat man; nur, was man noch nie gewesen, ist man. Robert Walser

Mach dich auf und zieh nach...
Tut von euch ab...
...reinigt euch... und laßt uns aufbrechen.
Und sie brachen auf...
...und Jakob kam nach...
...und er baute dort einen Altar und nannte die Stätte...
Und Gott erschien Jakob...
...aber du sollst nicht mehr Jakob heißen...
...so nannte ER ihn Israel.
Ich bin der allmächtige Gott...
...und das Land will ich dir geben.
Bethel.

I

Vor den Aufbrüchen wird abgetan das Hinderliche, zu viel zum leben,
das Unnötige, zu schwer zu tragen,
das Untaugliche, - die fremden Götter.

Vor den Aufbrüchen wird sauber gemacht das Haus, in das
es keine Rückkehr gibt,
das Kleid, das nun das Haus ersetzt,
der Leib, der lange Schmutz wird tragen müssen.

Vor den Aufbrüchen wird vergraben das Untaugliche -
keinen soll es mehr belasten,
das Unnötige - denn Reichtum hält nur auf,
das Tote - es hemmt traurig den Schritt.

II

Wer aufbricht, folgt einem Wort
- das vom Anfang und Ende dich einholt;
dem macht ER den Weg frei durch lähmenden Schrecken...

III

Wer ankommt, wird bauen das immer Heilige
gibt Namen dem Fremden und bleibt trotzdem fremd.
ER erscheint mit segnendem Wort
und SEIN Segen verändert
zu SEINEM Streiter wird der Betrüger

So bleibt allein ER der Heilige
aus nichts macht ER alles
der Arme wird reich
der Streuner Vater von Königen

IV

Öl und ein Stein - SEIN Haus.

Septuagesimä: Genesis 37,1-11

JÜRGEN ZIEMER

Die Josephserzählungen, die mit diesem Kapitel beginnen, firmieren noch unter dem Titel »Geschichte von Jakob« (V 2). Solange der Patriarch lebt, gibt er dem Lauf der Dinge, die seine Familie betreffen, auch seinen Namen. Das Leben Josephs, soweit es als erzählenswert angesehen wird, besteht aus einer Kette konflikthafter Auseinandersetzungen. Der erste Konflikt wird in V 2 - einem Stück aus der Priesterschrift - angedeutet: Joseph war als »Bursche« bei seinen älteren Halbbrüdern tätig und machte sich unbeliebt als Hinterbringer sie betreffender übler Nachrichten an den Vater. Breiter erzählt wird dann der Konflikt mit den Brüdern in V 3-11, einem relativ kohärenten jahwistischen Teilstück. Zwei Gründe schüren den Hass der Brüder: Zunächst geht es um die Sonderrolle Josephs bei Vater Jakob (Vv 3-4). Jakob liebte Joseph besonders, weil er »der Sohn seines Alters war«. »Hier drückt sich die menschliche Erfahrung aus, dass Spätgeborene gelegentlich bevorzugt werden.« (Seebaß) Ein besonderes Gewand (die genauere Bedeutung von »passim« ist unklar) veranschaulicht die Vorzugsstellung des Sohnes: ein »verwöhnter Prinz«. Hier schon wird der Hass der Brüder geschürt, um dann durch die Träume des Joseph noch verstärkt zu werden. Träume, daran scheint kein Zweifel in der alten Welt zu sein, müssen erzählt werden (so von Rad). Aber es ist auch nicht zu erkennen, dass Joseph irgendwelche Hemmungen gehabt hätte zu erzählen, was ihm begegnet war. Beide Träume sind nicht als verschlüsselte Gottesoffenbarung aufzufassen. Sie mögen wohl auch Weissagungscharakter haben, aber vor allem erscheinen sie doch als ein Spiegel der Seele des Träumers. Man muss unwillkürlich an S. Freuds Verständnis des Traumes als einer »eigenen psychischen Leistung des Träumers« denken. Die Träume von den Garben und von den Sternen sprechen für sich und sind ohne jede Traumdeutungskompetenz durchschaubar. Sie werden verständlicherweise von den Brüdern negativ aufgenommen. Auch Vater Jakob ist aufgebracht über die »Botschaft« dieser Nachtbilder. Erregt fragt er, ob sie alle denn vor ihm niederfallen sollten, er und die Familie (so in V 10 besser zu übersetzen statt »Mutter«, vgl. Seebaß zur Stelle; Familie schließt die anderen Frauen des Vaters ein; Rahel war ja schon nach 35,16-19 lange tot). Aber Jakob scheint zu ahnen, dass es um mehr als eitle Selbstdarstellung seines Lieblingssohnes gehen könnte. Er, so heißt es, »behielt diese Worte« (beachte die ähnliche Formulierung für Maria in Luk 2,19). Die Ambivalenz in der Wahrnehmung des Vaters wird hier deutlich. Das »ist einer jener meisterlichen psychologischen Sätze, an denen die Josephsgeschichte so reich ist« (von Rad).

Überhaupt: Es steckt viel Psychologie in dieser Geschichte. Das macht sie so spannend und bringt sie uns so nahe.

Wir sehen förmlich, *wie sich der Hass aufbaut.* Am Anfang ist es nur der Ärger der Größeren über die Wichtigtuerei des Kleineren. Dann zeigt sich, dass diese beim Vater auch noch Erfolg hat. Da hat einer aus der Brüderschar eine Sonderstellung beim Patriarchen der Familie. Die Rangfolge der Söhne und Erben gerät aus den Fugen. Das kann nicht gut gehen. Der Hass der Brüder wächst. Sie erwidern schließlich seinen Gruß nicht. Sie kehren also nicht mehr ein in ein gemeinsames Kraftfeld des Schalom. Und dann noch diese Träume! Dem Leser der Genesis drängt sich die Kain-und-Abel-Geschichte förmlich auf (4,1-16). Dieser Hass kann tödlich werden. Ungleichheit, Desolidarisierung - gerade auch unter Geschwistern - das ist schwer zu ertragen, noch dazu, wenn es in so eitler Selbstgefälligkeit zur Schau getragen wird wie bei Joseph.

Aber: die Geschichte ist nicht so eindeutig, wie es auf den ersten Blick erscheinen mag. Hier gibt es eine geradezu rätselhafte *Durchmischung von menschlicher Eitelkeit und heilsgeschichtlicher Wahrheit.* Die narzisstische Größenfantasie des Joseph (die Gestirne des Himmels verneigen sich vor ihm!) ist unverkennbar, und doch enthält sie etwas von der Wahrheit der Zukunft, wie jeder Leser weiß. Bei dieser Geschichte verbieten sich moralisierende Auslegungsversuche. Das mag uns in theologische Aporien stürzen. Aber Gott lässt ja später genau das geschehen, was Joseph träumt. Überhaupt scheint sich diese Erzählung allen unseren Eindeutigskeitssehnsüchten schnell zu entziehen.

Und dann ist da noch *die Frage nach Gott*. Er kommt in unserer Geschichte nicht vor, weder direkt noch indirekt. Es ist eine fast profane Geschichte und dennoch ist ER für den Leser da. Der weiß ja: hier wird von den Menschen Gottes erzählt. Gott ist da, auch wenn er verborgen im Hintergrund weilt. Man muss ihn nicht dauernd zitieren.

Über den Text zu predigen ist reizvoll, aber nicht einfach. Alles vorschnelle Bemühen um einen moralischen Nutzwert der Geschichte muss scheitern. Das würde eine Geschichte unzulässig abschließen, die in Wirklichkeit offen ist und weiter geht. Das heimliche Thema der Predigt könnte für mich lauten: Der Erwählte Gottes im *Zwielicht*. Joseph ist Gottes Favorit. Auf wen hat er sich da eingelassen?

Anknüpfen ließe sich am besten bei den *Neiderfahrungen der Brüder*. Die sehen in Joseph keinen Besonderen, dem auch deshalb nichts Besonderes zustehen dürfte. Die Geschichte zeigt, welche gefährlichen Folgen dadurch entstehen, dass man miteinander vergleicht: Wer ist der Beste? Wer hat das schönste Kleid? Wer hat die besten Plätze erreicht? usw. Wir sind unzufrieden und dann nicht selten latent aggressiv, weil wir uns anderen gegenüber benachteiligt fühlen. Wem dient das eigentlich wirklich? Wie viel Leben wird da verschenkt!

Und dann Joseph selbst. Wie *zwielichtig* erscheint er hier: ein ziemlich unerträglicher Egozentriker. Vermutlich fallen jedem entsprechende Typen aus dem eigenen Umkreis ein, aber vielleicht denkt mancher auch an die eigenen Träume! Gerade bei Predigern sind die Eitelkeiten oft unübersehbar und penetrant. Wir sind schnell bereit zu urteilen, aber es sollte nachdenklich machen, dass Gott ausgerechnet einen Menschen wie Joseph erwählt hat. Er steht in besonderer Weise für die Geschichte Gottes mit seinem Volk. Es hat Jahre gebraucht und Not und Strapazen beansprucht, ehe die Brüder und der Vater das zu erkennen vermochten.

Wo eine Geschichte mit Gott beginnt, da ist es wichtig, sich Zeit zu lassen. Gottes Weg ist oft nicht auf den ersten Blick erkennbar. Und manches erscheint im Zwielicht, was sich erst im Nachhinein als Gottes Weg erweist.

Sexagesimä: Genesis 37,12-13.18-19.23-28.31-36

GERT ZENKER

Josephs Rock. Die Kleidung: Körper - Farbe des Lebens, Spiegel des Menschseins. Person erst in der Verhüllung oder - wenn die Hüllen fallen. Lassen wir Josefs Rock, der Phantasie der Übersetzer folgend (LXX und Vulgata), getrost einen *bunten* Rock sein. Josef war ein bunter Mensch. Der Rock ein Geschenk, aus dem die besondere Liebe des Vaters Jakob Israel spricht. Ins Auge sticht. Denn wer erträgt es schon, weniger geliebt zu sein. So sind die eigenen Brüder ihm feind, haben kein freundliches Wort mehr für den Jüngsten (vgl. Gen 37,3 u. 4). Er hat sich unbeliebt gemacht mit seiner Jugend, seinem Gerechtigkeits-Sinn (vgl. V 2 - oder war es einfach Ohrenbläserei (?), seinen Ich-Träumen (V 5-11), seiner gelassenen (?) Haltung zu menschlicher Arbeit, ihrem ewigen Fluch und Lobpreis. Menschsein vor Gott ist mehr als bloßes Tätigsein ...

Das ist schon die ganze Geschichte. Der Rock selbst erzählt sie weiter.

Gegen Josef spricht sein Größen-Wahn, seine Art, etwas Besonderes sein zu wollen. So jedenfalls sehen ihn die Brüder. Der gesunde Menschenverstand, das Alltagsbewußtsein lehnt sich mit Recht gegen Josefs Größen-Träume auf. Wie kann es sein, daß die ganze Welt oder auch nur seine Familie (verkörpert in Sonne, Mond und Sternen, vgl. V 9) sich vor ihm verneigt? Man kann sich in Träumen und Visionen auch versteigen, vor allem dann, wenn es Träume ohne Auftrag sind, die nur die eigenen Wunschvorstellungen projizieren.

Für Josef spricht, daß sich in einer realitätserstarrten Welt überhaupt noch Träume, Visionen einer übergreifenden Wirklichkeit ereignen und ein Mensch Visionen hat über sichtbare Realitäten hinaus. Befangen im Realen heißt im Blick auf das Ganze der Wirklichkeit: wirklichkeitsblind! Die Welt geht zugrunde an den ewigen Realisten, den Traumlosen, die ängstlich nur das Bestehende, das vor Augen Liegende hüten - so wie die Brüder das liebe Vieh. Und da kommt der Träumer daher, sie mit seinen Träumen zu visitieren (vgl. V 18 u. 19) ... Das zeugt tödlichen Zorn.

Wer träumt, Wachträume hat, Zukunfts-Visionen, ist gefährlich. Er träumt sich hinweg in ein Traum-Hoffnungsland, das nicht von dieser Welt ist, nimmt einen Standpunkt außerhalb ein, um von dort her (in seinen Träumen sonderbar entrückt, ungreifbar) das Bestehende zu hinterfragen, alles, was bisher als Lebenswirklichkeit galt. Der Träumende rüttelt an den Stützen, den Pfeilern der Realität, bringt unser mühsam gefügtes Weltbild ins Wanken und stört uns so bei den Geschäften des Alltags, bringt das Leben nur durcheinander. Deshalb weg mit ihm!

Josefs prophetische Träume (im übrigen ein altes Beispiel für eine moderne Theorie: wie die Prophezeiung des Ereignisses zum Ereignis der Prophezeiung führen kann), Josefs Träume gehen an die Substanz, sie künden von einer höheren Macht, sind der Einbruch einer umgreifenden göttlichen Wirklichkeit in unser Leben, das uns als karge Realität mit Mühe und Not eine Art Zuhause geworden ist, wo wir uns eingerichtet haben, uns einigermaßen zurechtfinden - mit Wohnung und Familie, Lebensart und Verkleidung ... Im Falle des Josef ist die Verweigerung seiner Träume zugleich eine Auflehnung gegen die hinter den Träumen wirkende göttliche Macht.

Zuerst zieht man ihm den Rock vom Leibe, die Buntheit abgestreift, der Mensch in die Grube, in die Finsternis gestoßen - von seinen Brüdern (vgl. V 23 u. 24) ... Das bunte Leben reduziert auf die nackte Existenz in Dunkelheit. Erst will man ihn töten, aber wozu solche Blutschuld auf sich laden? Und so verkaufen sie den Bruder. Ohne Rock. Den Rock brauchen sie, ihn mit Bocksblut einzufärben für den Vater, als Beweismittel eines vorgetäuschten Todes. Der Bruder ist verkauft, jetzt muß nach Menschenart die Schuld kaschiert und weggeschoben werden. Vom Menschen auf das Raubtier, um so das Raubtierhafte des Menschen zu verdecken.

»Da nahmen sie Josefs Rock und schlachteten einen Ziegenbock und tauchten den Rock ins Blut und schickten den bunten Rock hin und ließen ihn ihrem Vater bringen und sagen: Diesen haben wir gefunden; sieh, ob's deines Sohnes Rock sei oder nicht« (V 31). - Nein, sie gehen nicht selbst hin. Sie lassen Finesse walten und schicken einen anderen. Sie sagen nicht: ein wildes Tier hat Josef zerrissen. Das wäre gelogen. Sie schicken nur den Rock, lassen den Vater selbst seine Todes-Schlüsse ziehen. »Und Jakob zerriß seine Kleider ...« in tödlichem Schmerz (V 34).

»Und alle seine Söhne und Töchter kamen zu ihm, ihn zu trösten ...« (V 35). Der Schmerz des Vaters weckt das Gewissen, aber die Reue kommt zu spät. Selbst wenn sie jetzt gestehen wollten, die bloße Nachricht: »Josef lebt« hätte keinen Sinn. Denn wo sollen sie ihn finden? Verkauft ist wie tot. Ein blutiger Lappen ist alles, was von der Buntheit dieses Lebens übriggeblieben ist im Hause Jakob.

Aber Gottes Geschichte geht weiter, Lebens- und Familienträume, Träume von Liebe und Versöhnung werden sich erfüllen. In Ägypten wird Josef als Minister des Pharao noch ganz andere Röcke tragen... Bunt bleibt das Leben mit Gott.

Estomihi: Genesis 38 (in Auswahl)

RAINER OECHSLEN

Tamar - »die Dattelpalme«. Tamar kämpft um ihr Recht - und sie behält Recht. Ihr Schwiegervater, der Mann, der sie erkennt wie Adam *»sein Weib Eva erkannte«* (Gen 4,1) und doch nicht erkennt, nämlich ihre Identität, weil Tamar für ihn nur irgendeine Hure ist, der sagt am Ende den wichtigsten Satz: *»Sie ist gerechter als ich«.* (V 26) Oder: »Sie behält Recht gegen mich.«

Drei Söhne hat Juda, der Urenkel Abrahams. Zuerst ist Tamar mit Er verheiratet, dem ältesten. Er ist *»böse vor dem HERRN«* und muss kinderlos sterben.

Es steht aber geschrieben: *»Wenn Brüder beieinander wohnen und einer stirbt ohne Söhne, so soll seine Witwe nicht die Frau eines Mannes aus einer anderen Sippe werden, sondern ihr Schwager soll zu ihr gehen und sie zur Frau nehmen und mit ihr die Schwagerehe schließen. Und der erste Sohn, den sie gebiert, soll gelten als der Sohn seines verstorbenen Bruders, damit dessen Name nicht ausgetilgt werde aus Israel.«* (Deut 25,5-6) Einklagbares Recht ist das; wer es nicht achtet, dem soll man *»ins Gesicht speien«* (Deut 25,9). Dass dieses Recht zu Judas Zeit noch nicht aufgeschrieben ist, spielt keine Rolle. Denn erstens ist die Torah in ihrer Endgestalt kein historisches Buch, sondern auf einer zeitlichen Ebene Gottes Weisung zum Leben. Zum andern sind die Vorschriften über die Schwager- oder Leviratsehe nicht nur in Israel bekannt, sondern im ganzen Vorderen Orient.

Juda jedenfalls achtet zunächst das Gesetz und sagt zu seinem zweiten Sohn Onan: *»Geh zu deines Bruders Frau und nimm sie zur Schwagerehe, auf dass du deinem Bruder Nachkommen schaffest.«* (V 8) Der aber entzieht sich seiner Pflicht seinem toten Bruder gegenüber. Er heiratet Tamar, will aber kein Kind zeugen. (Seine Methode ist der coitus interruptus; das - gewollte? - Missverständnis des

Vorgangs hat eine fatale Wirkungsgeschichte.) - Auch Onan muss sterben.

Den dritten Sohn, Schela, enthält Juda seiner Schwiegertochter vor, aus Angst, er könnte sterben wie seine Brüder - so als sei Tamar für den Tod ihrer Männer verantwortlich. Was dann geschieht, ist bekannt: Nach langer Wartezeit verkleidet sich Tamar als Dirne und setzt sich an den Weg bei Enajim, als ihr Schwiegervater vorbeikommen muss. Der kommt vorbei - und schläft mit ihr. Für den Lohn lässt er ihr sein Siegel als Pfand. Tamar wird schwanger und soll wegen »Unzucht« verbrannt werden. Im letzten Moment zeigt sie das Siegel des Kindesvaters und behält Recht gegen Juda. Der hat die Größe, das auszusprechen.

Tamar wird Mutter von Zwillingen, Perez und Serach. Über Perez wird Tamar die Urururgroßmutter von Boas und Boas ist der Urgroßvater des Königs David (Rut 4, 18-22). In Matthäus 1,1-17, dem Stammbaum Jesu, ist Tamar die erste von vier Frauen, die genannt werden - vor Rahab, Rut und der »Frau des Uria«.

Durch ihren Kampf hat Tamar einen prominenten Platz in der »Geschichte Jesu Christi, des Sohnes Davids, des Sohnes Abrahams« (Mt 1,1)

Was gibt Tamar diesen Platz in der Geschichte des Heils? Hat sie die »Heuchelei der Männer« aufgedeckt, wie es Othmar Keel einmal im »Wort zum Sonntag« des Schweizer Fernsehens formuliert hat (26.7.1980)? Gewiss, das hat Tamar getan. Und ihr Nachkomme Jesus von Nazareth ist ihr darin gefolgt (Joh 8,3-11). Und vielleicht hat es ja auch mit dieser Fernsehpredigt zu tun, dass Othmar Keel als Sprecher des »Wortes zum Sonntag« aufhören musste.

Aber damit ist nicht geklärt, warum Tamar mit so viel List und mit dem Einsatz ihres Lebens um ein Kind kämpft und warum sie sich in ihrem Kampf auf das formelle, das »geoffenbarte« Gesetz berufen kann.

Zwei Antworten konkurrieren hier. Für beide möchte ich aus Predigten über die Geschichte Abrahams ein Beispiel zitieren.

Zuerst Manfred Josuttis: »Der Vater des Glaubens ist in die Geschichte des Lebenskampfes verstrickt. Denn darum geht es in dem Prozess der Evolution, in den Prinzipien

von Selektion und Mutation, in den Konflikten um Fort-
pflanzung und Reviere. Die eigenen Gene müssen weiter-
gegeben werden. Keiner will ausscheiden aus der Geschichte des Lebens. Man muss sich durchsetzen können,
weil die Lebenschancen begrenzt sind... Ein befremdlicher
Glaube für unser Verständnis, das immer nach geistlichen
Dingen fragt, ein Glaube, der mit dem Lebenswillen zu tun
hat und der sich in unverhoffter Fruchtbarkeit äußert.«
(Über alle Engel, 1990, 137) Mit einem hat Josuttis sicher
Recht: Der Glaube Abrahams ist befremdlich für uns, nicht
weil wir zu weltlich wären, zu »säkular«. Unser Glaube ist
oft viel zu weltlos.

Friedrich-Wilhelm Marquardt setzt in einer Predigt aus
den 60er Jahren des 20. Jahrhunderts die Akzente anders:
»Wir denken ja über unsere Söhne immer noch schrecklich
heidnisch. Stolz sollen sie uns machen. Eine ›herrliche‹ Jugend wollen wir aufwachsen sehen. Unser Leben, wenn es
langsam älter und schwächer wird - kraftvoll soll es sich
fortsetzen in den Söhnen... Die Juden haben ein anderes
Verhältnis dazu. In Israel bangt man, dass überhaupt ein
Kind geboren, ein Sohn gegeben wird. Wie es sich auch
entwickeln möge: Sein Leben an sich schon zählt. Denn
nicht jüdischer Stolz, sondern Gottes Wort steht in den Söhnen auf dem Spiel. Ist der Sohn da, dann lebt die große Erwartung auf, dass hoffentlich er die Erfüllung aller Gottes-
versprechen erleben wird, die ich noch nicht erleben
durfte - und dass er Gottes Gebot verwirklicht, das ich in
meiner Generation nicht habe einhalten können: Segen zu
sein für die Nachbarn, für das Land, für die Völkerwelt.«
(Unser Vater Abraham, Predigten von H. Gollwitzer, Th. Jä-
nicke und F.-W. Marquardt, 1967, 50f)

Das habe ich gelernt, mühsam genug: Nicht der Lebenswille, nicht der Wunsch nach Nachkommenschaft ist ein
Problem. Im Gegenteil, diesen Willen, diesen Wunsch zu
verdächtigen wäre falsche Geistlichkeit, wäre »Übergeist-
lichkeit«. In der Fachsprache der Dogmengeschichte: Das
wäre ein »Doketismus«, der den christlichen Glauben ver-
dürbe. Die Frage ist, ob der Lebenswille ein Kampf ist gegen die eigenen Grenzen, die eigene Sterblichkeit - oder
ob sich der Lebenswille an Gottes Verheißung für Israel

und die Völker klammert. Vermutlich ist das kein absoluter Gegensatz. Mir aber kommt es darauf an, den Lebenswillen von der Eschatologie, von der Erwartung des Kommenden nicht zu trennen.

Nach Matthäus hat Tamar einen Platz in der Geschichte des Kommens des Messias. Eine Frau aus Israel wünscht sich ein Kind. Eine einfache, sich immer wiederholende Geschichte. In dieser besonderen Geschichte aber versagen die Männer. Ginge es nach Onan und Juda, so wäre der Sohn, der Bruder »*ausgewischt*« aus Israel. Die Männer versagen sich dem Glauben an Gottes Verheißung für Abraham. Tamar wünscht sich ein Kind - mit aller Kraft. Die kreatürliche Kraft ihres Wunsches *ist* ihr Glaube - und dieser Glaube wird gerechtfertigt. Das ist die Größe Tamars und ihrer Geschichte. Wer meint, Rechtfertigung bei Paulus sei etwas völlig anderes, der hat die Bibel noch nicht verstanden. Der hat noch nicht genug darüber nachgedacht, wie Abraham in den Römerbrief kommt.

Invokavit: Genesis 39,1-8

GERHARD BEGRICH

Wo sind wir? Wo befinden wir uns!? Wir sind angekommen. Wir sind da: in Ägypten. Joseph ist verkauft, gekauft von Potiphar, einem der mächtigen Männer am Hofe vom Pharao.

Joseph ist jetzt ein Sklave. Es wird ihm gut gehen, wir wissen es - aber ein Sklave bleibt ein Sklave. Joseph ist nicht frei. Dies sage ich schon deshalb zweimal, weil man es so oft vergißt: Joseph ist im Sklavenhaus.

In dieser Geschichte spiegeln sich Israels Werden und Geschicke voraus ...

Joseph also ist angekommen. Dort, wo ER ihn haben wollte. Es ist nicht nur Josephs Geschichte, es ist auch die Seine.

Darum steht hier ausdrücklich: ER war mit ihm. Was kann da noch passieren!? Einiges, schon, aber im Grunde? Es ist wie ein Leben auf dem Goldgrund Seiner Herrlichkeit. Nur: Wer darauf lebt, der weiß es nicht. Der Goldgrund ist also kein Trost.

V 2 ist bei Luther schön übersetzt und gibt auch einen einsehbaren Sinn: Weil ER mit Joseph war, deswegen gelang und glückte diesem alles. Es wird wohl auch so gewesen sein. Im Grunde jedenfalls; der hebräische Text ist anders: gleichberechtigt stehen drei Sätze nebeneinander:

(1.) ER war mit Joseph,

(2.) er war ein Mann, dem alles glückte,

(3.) er war im Haus seines Herrn, des Ägypters.

Es gibt hier keine Folgerung, so daß man nicht weiß, ob es Joseph überhaupt gewußt hat. Vielleicht hat Joseph Seine Nähe gar nicht erlebt, Seine Fürsorge nicht bemerkt, vielleicht sogar Seine Abwesenheit geglaubt, in dieser seiner Geschichte. Der Text verrät es nicht. Der Text schweigt darüber.

Darüber sollten wir aber nachdenken: Es spricht einiges dafür, daß Joseph den Fehl Gottes erlebt hat: geschlagen, verkauft, gescheitert, ohne Träume - als Sklave in einem fremden Land, in einem fremden Haus. Das war keine Idylle, vielmehr ein hartes Geschick. Die Übersetzung Martin Luthers (und der anderen deutschen Bibeln auch!) lassen diesen Gedanken nicht zu, wozu aber der hebräische Text geradezu ermuntert.

Hat man aber V 2 einmal so interpretiert, muß man folglich auch V 3 anders verstehen. Im V 3 steht kein »denn« wie im deutschen Text!

Es ist Potiphar, der zwischen dem Mitsein des Herrn mit Joseph und dessen glücklichen Händen nicht nur einen Zusammenhang sieht, sondern »dieses beides« überhaupt erst sieht.

Potiphar sieht, daß ER mit Joseph ist, und daß ER ihm alles gelingen läßt, was er tut. Das ist das Wunder: Der Ägypter merkt es! Das heißt, was ER tut, bleibt nicht verborgen.

An seinen geliebten Kindern ist Seine Nähe und Seine Fürsorge erschaubar, selbst dann, wenn die von IHM »versorgte Person« nichts davon spüren sollte. Man sieht es den Seinen an.

So findet Joseph Gnade bei Potiphar, zumal das Glück, das diesem von IHM zukommt, immer auch ein Glück für andere ist. Das liegt in dem hebräischen Wort verborgen: Glücklich sein bedeutet immer auch, andere zu diesem Glück zu veranlassen; Gelingen haben bedeutet dementsprechend: auch andere an diesem Gelingen teilhaben zu lassen. Man kann nicht alleine glücklich sein!

Das alles sieht Potiphar - was für ein weiser Mann! Darum setzt er Joseph über sein Haus. Es anders zu tun, wäre fahrlässig und dumm.

So segnet denn ER das Haus des Ägypters - um Josephs willen. Diese Bemerkung ist Hinweis auf eine endliche Erfüllung: ER hat es Abraham verheißen, ein Segen zu sein für die Völker, denen dieser Segen nur (!) durch Abrahams Nachkommen zukommt. Es gibt keinen Segen in der Welt ohne Israel! Es geht nicht ohne Joseph. *So* ist Potiphars Haus gesegnet bei IHM.

Andererseits wird hier schon deutlich: Potiphar wird diesen Segen verlieren, wenn er Joseph vertreibt. Später wird es Ägypten so ergehen. (Später der Kirche auch. Und Deutschland. Und anderen. Es gibt keinen Segen ohne Israel!)

Das Leben der Gesegneten ist gefährdet. Darum ist V 6 eben ein Vers: Segen, Wohlergehen, Glück und Schönheit.

Joseph war schön. Joseph ist schön. Das wird nur von wenigen in der Schrift gesagt: Sarah, Rahel, Esther - und David.

Die Schönheit macht verletzlich, diese Schönheit macht auch schuldig, gerade weil dieser Schönheit (d. h. diesen Schönen!) alles gelingt.

Wie soll eine, einer *das* aushalten!?

Warum wird in der Schrift nur von einigen Auserwählten gesagt, daß sie schön sind? Doch wohl deshalb, weil in der Schrift - hoffentlich auch in der Welt? und ihrem Alltag - gilt: Der Geliebte ist schön, weil er geliebt ist, die Geliebte ist schön, weil sie geliebt ist.

Einige aber werden geliebt (begehrt), weil sie schön sind. Hier macht die Schönheit auch schuldig und entschuldigt »Potiphars Weib«. Die war keine leichtfertige, lüsterne Ägypterin, nein: sie sah, was auch ihr Mann gesehen - und sie sah Josephs Schönheit - und verliebt sich: Liebe ist stark wie der Tod, unausweichlich. So »warf sie ihre Augen auf Joseph«.

Wieviel Fehlverstehen hat sich an diesen Satz geheftet! Dieser Satz ist falsch!

Potiphars Frau hat ihre Augen nicht »geworfen«, sondern »erhoben«: »Sie hob ihre Augen auf ...« Das ist kein lüsterner, sondern ein notwendiger Vorgang, um sehen zu können. *So* wird in der hebräischen Bibel immer formuliert: er/sie erhob seine/ihre Augen - und dann sieht er bzw. sie! Das ist also keine unmoralische Schau (man vergleiche nur Gen 18,2: Abraham hob seine Augen auf und sah - IHN!). Dann allerdings spricht sie, entschuldigt, ein wenig, durch ihre Liebe und Josephs Schönheit, »Liege bei mir«: Joseph verweigert sich: incipit tragoedia - die Tragödie beginnt.

Denn beide können nicht anders. Joseph hat auch um die Schuld seiner »Schönheit« gewußt: Er wird sich nicht verteidigen. Er wird schweigen.

Reminiszere: Genesis 45,1-9

JÖRG UHLE-WETTLER

Der Sonntag »Reminiszere« ist ein Sonntag in der Passionszeit. Sein Thema heißt: DEN MENSCHEN AUSGELIEFERT SEIN. Das ist die ganze Tragik! Lebenswege werden zu Leidenswegen, weil Menschen sich das Leben gegenseitig schwer machen. Paare, die nicht die Kraft haben sich zu trennen, führen einen endlosen »Rosenkrieg«; Abhängigkeiten

in beruflichen Strukturen führen zu Mobbing und Ausgren-
zung;
Nachbarschaftsstreitigkeiten beeinträchtigen die eigene
Lebensqualität. Die hörende Gemeinde hat genug Beispiele vor Augen, bei denen »die Anderen« Schuld sind für die
erlebte Misere.

UND JOSEF? Der war lange Zeit seinen Brüdern ausgeliefert. Bis er sich seinen Brüdern zu erkennen gibt, hat er
eine lange Geschichte der Anfechtungen hinter sich.
Grundlage für das Erlebte und Erlittene ist der Neid gewesen. Da sind die biblischen Parallelen vielfältig:

Kain ist neidisch auf Abel; Saul neidet David den Aufstieg; die Arbeiter im Weinberg neiden den Kollegen (mit
Kurzarbeit) den Lohn; die Pharisäer beneiden Jesus wegen
seiner Beliebtheit im Volk - und die Brüder neiden Josef
seine Beliebtheit beim Vater.

In dieser Gesellschaft gibt es Mitleid geschenkt. Neid
muss man sich erarbeiten. Neid ist in unseren Breiten die
höchste Form der Anerkennung!

In der Wirtschaft, in Konsistorien und Ministerien, an
Grund- und an Hochschulen: wenn sich jemand benachteiligt fühlt - bekommt die Seele Gelbsucht.

List, Tücke, Verleumdung, Lieblosigkeit, Unbarmherzig-
keit, Frevel und Mord haben als Ursache oftmals den Neid.
Die Perikope aus der Josefsgeschichte zeigt, dass trotz
unterschiedlicher biografischer Entwicklung sich die Lebenswege wieder kreuzen können. Man sollte sich nicht
dem trügerischen Denken hingeben, dass schon Gras über
unsere »Sachen« wachsen. Die Wege Gottes sind Andere,
als wir uns erdenken.

Nicht wir haben IHN erwählt, sondern ER hat uns erwählt
(Johannes 15/16). Das heißt dann wohl auch, wir müssen
mit den Konsequenzen leben. So oder so.

Josef will keine Rache. Nach Rache schreien immer die
Mitläufer. Die, die ihr schlechtes Gewissen überspielen
wollen. Die »Fouchés«, die ihren Platz in der zweiten Reihe
gefunden haben und bleiben, wenn die erste Reihe »ge-
wechselt« wird. Die Büttel der Macht, die nie gelitten haben
- aber gelitten sind: die schickt Josef hinaus (V 1) bevor er
seine Brüder ent-täuscht.

ENTTÄUSCHT. Enttäuschungen sind schrecklich (V 3), aber sie haben auch etwas Heilsames an sich. Ent-täuschung ist das Gegenteil von einer Täuschung. Lieber einer Täuschung entledigt werden, als einer dauernden Täuschung unterliegen! Die Brüder wissen nicht um die Höhen und Tiefen, die Josef durchlebt hat. Was weiss man denn schon, wenn man jemanden nach Jahren wiedertrifft? Die Brüder sehen aus ihrem Blickwinkel, dass Josef es »geschafft« hat. Er hat seine Träume konsequent gelebt und nun scheint die Geschichte für die Brüder zum Alptraum zu werden.

UM HIMMELS WILLEN. Um eures Lebens willen ist dieser Weg meine Bestimmung gewesen (V 6). Darüber wird zu reden sein. Hat mein Leben erst einen wirklichen Wert, wenn es für Andere wertvoll ist? Und umgekehrt: Wen hat der Schöpfer in das Leben gerufen, damit mein Leben wertvoll wird? Antworten finden wir im Neuen Testament (sicherlich) und in der unmittelbaren Umgebung (hoffentlich).

EILT. »Eilt nun... - zum Vater« (V 9) ist der Auftrag an die Brüder. Und sie gehen und breiten das Wort aus, welches zu ihnen gesagt war. Und alle, vor die es kam, wunderten sich der Rede, die ihnen die Brüder gesagt hatten.

Den Vater aber setzt diese Geschichte in Bewegung. Er wird Josef wiedersehen und dann getröstet sterben ... Es ist gut, wenn sich die Dinge im Leben noch ordnen, denn es eilt.

Alles in allem gilt für Vater und Sohn das portugiesische Sprichwort, das je nach Betonung einen doppelten Wortsinn erschließt : *Gott schreibt auch auf krummen Zeilen gerade.*

Okuli: Exodus 1,1-14

GERHARD BEGRICH

Israel hat es nie vergessen: Israel wurde in Ägypten, in der Fremde, im Haus der Unterdrückung, ein Volk von Sklaven und Sklavinnen - zu SEINEM Volk. Als Gäste waren sie einst gekommen, als Sklaven zogen sie in die Freiheit. Solch eine Geschichte der Herkunft erfindet man nicht. Zugleich aber wird im Werden und Erzählen Israels eine große Theologie der Schrift sichtbar: ER hat eine Vorliebe für das Schwache. Eine Vorliebe für die Menschen »am Rande«, nicht Nimrod, sondern Abraham, nicht Ägypten, sondern Israel! Hier gibt es keine Herren, Götter oder Könige, keine »Helden der Vorzeit«. Am Anfang Israels steht ER und Seine Gnade - gerade und trotz aller Unterdrückung.

»Dies sind die Namen« - das ist der berühmte Anfang des Buches, der Anfang vom Werden Israels. Diese Namen werden bleiben, und unter diesem Namen wird Israel im himmlischen Jerusalem (Offb 21,12f) wohnen!

Die Aufzählung beginnt mit den Söhnen Leas, also mit Ruben als den Erstgborenen, dann folgt Rahels Sohn Benjamin, danach die Söhne der Mägde, wobei die Söhne der Magd Rahels, Bilhas Kinder, vor den Söhnen der Magd Leas, Silpas, zu stehen kommen, so daß Asser den Schluß bildet. Das ist eine theologische, keine der Genealogie entsprechenden Anordnung, denn der jüngste Sohn Jakobs ist Benjamin. Warum steht also Asser am Ende? Wegen seines Namens: denn der bedeutet soviel wie »glücklich, selig« und erinnert an die Seligpreisung von Ps 1. Dies ist die Mahnung und Verheißung zugleich: Israel soll es nicht mit den Frevlern halten, sondern mit IHM und Seiner Torah. Israel soll Seine Torah lieben und über ihr »murmeln« am Tag und in der Nacht«, dann würde ER Israel Gelingen und Glück geben - auch wenn es in der realen Welt, der erfahrenen Gegenwart nicht *so* aussehen sollte. In den Namen der Söhne, den Namen der späteren Stämme liegt Israels

Zuversicht: ein Geschlecht kommt, ein Geschlecht geht, eine Generation folgt der anderen: das ist Gnade.

Mit dem Tod Josephs und seiner Brüder beginnt die Geschichte. Dabei gilt den Toten der Schmerz - aber mit dem Tod beginnt eine neue Geschichte. Der Tod ist kein Ende. Hier beginnt ER Neues.

Nach dem Tode Abrahams beginnt die Geschichte Isaaks, nach dem Tode Isaaks beginnt die Geschichte Jakobs, nach dem Tode Jakobs beginnt die Geschichte Josephs, nach dem Tode Josephs beginnt die Geschichte Israels. Und diese beginnt im Segen: V 7 klingt wie eine Erfüllung des Schöpfungsbefehls von Gen 1,28: sie sind fruchtbar und mehren sich - und füllen die Erde. Das ist eine theologische Erinnerung, keine historische Wahrheit. Natürlich gibt es in Ägypten mehr Ägypter! Aber mit einem neuen König, der von Joseph nichts wußte, fängt eine andere Geschichte an ...

Wer ist dieser Pharao gewesen? Mit aller Wahrscheinlichkeit und historischer Zuversicht: dieser Pharao war »Ramses der Zweite«, der von 1290-1224 auf dem Pharaonenthron gesessen hat, als Nachfolger seines Vaters Sethos I. Es gibt in dieser ganzen Geschichte einen »festen Zeitpunkt«: In einer Siegesstele des Merenptah (1224-1204) heißt es für das Jahr 1219: »Israel liegt brach und hat keinen Samen mehr.« Die erste historische Erwähnung Israels außerhalb der Bibel verkündet »Israels Ende«! (Auch an dieser historischen Notiz wird deutlich: nicht der Pharao, sondern ER sitzt im Regimente, Gott regiert die Weltgeschichte und keiner sonst!) In der sogenannten Siegesstele des Merenptah wird Israel als »Menschengruppe«, nicht als Land oder Staat genannt. Das bedeutet: 1220 muß Israel schon im Land der Verheißung, in Kanaan, gewesen sein. Der Pharao der Unterdrückung und des Auszuges war also Ramses II: Dazu passen auch alle historischen Daten: die Vorratsstädte hat Ramses tatsächlich bauen lassen: Pitom ist Pr-Itm, Tell Retabe im Wadi-Tumelat und Ramses, zwischen Tell ed-Daba und Qantir, ist die nachmalige Deltaresidenz der Ramessiden der 19. und 20. Dynastie: Ramses II. ist der Pharao der Unterdrückung. Dieser nun beginnt seine Brandrede gegen Israel mit einem vollmundigen Wort: »Wohlan« (hebr. havah)! *So* haben die Menschen auch in Gen 11,3 ihren Protest gegen IHN und Seinen Schöpfungsbefehl begonnen. Wenn menschliche Rede gegen Gott oder Sein Volk *so* beginnt, dann liegt darin zugleich ihr Scheitern beschlossen: Es wird ihnen nicht gelingen. Weder sind die Menschen im »Lande Sinear« geblieben (wie sie wollten), noch wird es dem Pharao gelingen (wie er will), Israel zu knechten. In diesem überheblichen Beginn der Rede liegt, trotz aller tödlichen Realität der Geschichte, Trost und Zuversicht: Die Geschichte Gottes mit Seinem Volk geht gut aus - Israel bleibt!.

Der Pharao hat nichts verstanden, er setzt über Israel Fronvögte ein - und wird über die Strohhalme, die Israel gezwungen sein wird zu sammeln, fallen! Schon zuvor geht des ägyptischen Königs Plan nicht auf: Die Unterdrückten vermehren sich durch Geburt und Liebe: der Kinderreichtum der Armen. Damit hat der Pharao nicht gerechnet. Der macht überhaupt alles falsch in dieser ganzen Geschichte.

Israel ist nicht zu besiegen, nicht »auszurotten«. Denn ER, der Hochheilige, und Israel gehören zusammen. Wo Sein Volk unterdrückt wird, da ist auch ER. Und wo ER ist, da ist Befreiung, da ist nicht Tod, sondern Leben.

Lätare: Exodus 1,15-22

SIEGHARD LÖSER

Erste Gedanken: Wie wäre es mit der Heilsgeschichte weiter gegangen, wenn der König von Ägypten eine Königin gewesen wäre?, die Hebammen gehorsam gewesen wären? Aber: Der Glaube an den Gott Israels besteht nicht im Spekulieren über »hätte« und »wenn«, sondern im Tun des Gerechten und in der Suche nach dem, was zum Leben dient. *Der Text (exegetische Beobachtungen und Zusammenhänge):* Die Vorgeschichte: Die Israeliten wuchsen, mehrten sich und wurden sehr stark, das Land wurde voll von ihnen (1,7). Die Reaktion des Pharao führt zur drastischen Verschlechterung der Lebensverhältnisse, doch diese bringt nicht das gewünschte Ergebnis (V 10f). Den Ägyptern kommt ein Grauen an vor Israel (V 12).

Die beteiligten Personen: Der König von Ägypten plant die Einführung einer grausamen Geburtenregelung. Dazu will er sich der hebräischen Hebammen bedienen, doch sein Plan scheitert an deren Widerstand. Eine Weisung an sein ganzes Volk (V 22) führt schließlich doch zum gewünschten Erfolg. Die Hebammen - Helferinnen zum Leben (Erfinderinnen des roten Fadens, vgl. Gen 38). Sie fürchten Gott und tun nichts! (V 17). Sie verschleiern ihr Nichtstun mit einer (Not-)Lüge (V 19). Gott: tut den Hebammen Gutes und segnet ihre Häuser (20f)

Theologische Relevanz heute : Mit der friedlichen Abschaffung der Diktatur scheint die Zeit des passiven Widerstands im Sinne Gandhis und Luther-Kings vorüber zu sein. Wirklich vergangen aber ist wohl nur die Zeit der großen Männer. Unser Text erzählt uns dagegen von höchst mutigen Frauen und ihrem Widerstand, der umso beeindruckender erscheint, weil sie keine breite Bewegung hinter sich wußten, sondern »nur« in der Furcht Gottes handelten. Dieses Handeln allerdings besteht im Nichtstun - genauer: in der Nichtbefolgung des königlichen Befehls. Genau das aber rettet Leben. (Vgl. Apg 5,29)

Nochmal: Gott selbst ist es, der Leben schafft und Leben rettet - wenn kein irdischer König dazwischenkommt. Das Lebensrettende besteht im Widerstand gegen das Widergöttliche, d. h. man muß IHN nur zum Zuge kommen lassen. Welch faszinierendes Lösungsmuster für so viele gegenwärtige Probleme (z. B. bei der Bewahrung der Schöpfung). Hier erschließt sich ein ganz neuer Sinn des »Du sollst nicht ...«. (vgl. auch Jes 30,15) Segen ist (hier) die Folge.

Darüber predigen: In der Mitte der Passionszeit ein Text
über Leben und Tod. Im Mittelpunkt: Menschen die Gott
fürchten und darum Widerstand leisten gegen den Tod und
dadurch Leben retten. Tod und Leben aber haben konkrete Ursachen, darüber kann ich konkret predigen. Theolo-
gisch gesehen ist die Sünde die Ursache des Todes (vgl.
Röm 6,23); konkret: die Furcht der Ägypter vor der Überfremdung durch die Israeliten. Diese Furcht läßt den König
zu einer List (V 10) greifen. D. h. weder die Ursachen dieser Furcht noch deren Beseitigung werden öffentlich be-
dacht, geklärt noch gar gelöst, sondern heimlich angegan-
gen. Aber auch der Einsatz für das Leben ist konkret, ja
trägt hier sogar Namen: Schifra und Pua (d. h. Schönheit
und Glanz - der Name des Königs dagegen bleibt im Dunkel). Die Motivation der Hebammen ist ebenfalls Furcht;
allerdings die ›Furcht‹ - bekanntlich der ›Anfang aller Weisheit‹ (Ps 111,10). Der zu fürchtende Gott ist für die Hebammen keine dogmatisch zu begründende ›Arbeitshypo-
these‹ oder innerpsychologisch vermutete Antriebsquelle,
sondern konkretes Gegenüber, dem es sich zu verantworten gilt. Diese Erkenntnis hat konkrete ethische Folgen:
Gott mehr gehorchen als den Menschen; Tun des Gerechten; dem Leben dienen. Die Antwort Gottes: Segen.

Judika: Exodus 2,1-10

FRIEDRICH SCHORLEMMER

Ein Schrei im Schilf. Eine Rettungsgeschichte - wie man sie
von anderen Gründer- und Herrschergestalten kennt: Sar-
gon, Kyros, Romulus. Manche Motive sind multikulturell.
Nicht wichtig ist, welche Geschichte ursprünglich ist; wichtig ist, wie Israel mit solch einem Motiv umgeht. Der künf-

73

tige Retter Mose ist selber ein Geretteter. Am Anfang seines Lebens steht ein Schock: Ausgesetztsein. Dem Verdursten - im Wasser schwimmend - nahe. Dieses Kind im Körbchen gehört zu jenem Einwanderervölkchen in Ägypten, das wendig, tüchtig und gebärfreudig ist. Das Gastland hat Angst vor »Überfremdung« angesichts eines gewaltigen Geburtenüberschusses. Die Lösung soll organisierte Kindstötung sein: alle männlichen Nachkommen töten, alle weiblichen leben lassen.

Pharao wird gar maßlos, nachdem die beiden Hebammen Schiphra und Pua (Exodus 1,15ff), sich geweigert hatten, die Neugeborenen zu töten; Pharao generalisiert sein Tötungsgebot: *alle* männliche Nachkommenschaft töten. Es ist der Wahn aller Despoten, die in Angst handeln und anderen Lebensangst machen.

Da erwartet ein Levit und seine Frau ein Kind, mit Freude und Bangen zugleich. Wenn es ein Sohn wird ... Und als er geboren wird, sah sie ihn und sah: »Er war gut«. Der Neugeborene ist ein Geschöpf und deshalb gut - in Anknüpfung an das Schöpfungswerk Gottes. Jedenfalls ist dieser Sohn nicht sichtbar behindert; später erst stellt sich bei Moses eine Sprachbehinderung ein (Geburtsfehler oder psycho-soziale Schädigung?). Die Frau, die Mutter, versteckt den Jungen, solang es geht. Dann setzt sie das Kind aus. Sie überlässt ihn seinem Schicksal, um ihn vor dem sicheren Tod zu schützen: Aussetzen als letzte Chance! Weggeben. Selber nichts mehr machen können. Sie baut einen Kasten - eine Arche im Kleinformat. Rettungsschiffchen. Kästchen und Arche sind im Hebräischen dasselbe Wort. Sie verpicht das Schilfrohr und füttert das Körbchen mit Lehm aus. Sie schließt das Kästchen von oben, damit nicht die Raubvögel von oben auf das Kind stürzen. (Die Geschichte nutzt die alte ägyptische Vorstellung, dass Götter auf Schiffen angereist kommen. Somit muss der Aberglaube der Ägypter dem Plan Gottes dienen.) Denn da kommt die Tochter Pharaos mit ihren Gespielinnen und entdeckt das Körbchen im Schilf. Sie lässt es holen, während die größere Schwester des kleinen Knaben in der Nähe steht, um zu sehen, was aus ihrem kleinen Brüderchen wird. Da liegt er, ein kleiner weinender Junge.

Zum Gotterbarmen, herzerweichende Tränen. Das Jammern und Weinen rührt die Herrschertochter. Das Kind schreit nach seiner Mutter. Es schreit nach Liebe, nach Milch, nach tröstender Wärme, nach körperlicher Nähe. Das Wimmern des verlassenen kleines Geschöpfes jammert sie.

Hier setzt die List der Frauen ein, eine List, die der Rettung von Menschenleben dient. Die leibliche Schwester gibt sich als zufällige Zeugin, die der Tochter Pharaos anbietet, eine hebräische Amme zu besorgen, die das Neugeborene, das Findelkind, »für sie«, die Pharaotochter, stillen könne. Die Tochter Pharaos befiehlt ihr zu gehen und eine Amme zu holen. Die Schwester - inkognito - bringt die leibliche Mutter, sodass das Kind dort aufwachsen kann, wo es herkommt und wo es hingehört. Sie erhält gar noch einen Unterhalt, gewissermaßen Kindergeld. Auf diese Weise bekommt Mose zwei Mütter, eine leibliche und eine soziale. Die Sozialisation des Mose geschieht in einem *levitischen* Kontext. Und der Herangewachsene, der der Mutter Entwöhnte, kann nun zur Tochter Pharaos gebracht werden und »ihr zum Sohn« werden. Sie benennt ihn mit dem üblichen Namen, der ägyptisch mit »geboren, als Sohn geboren« übersetzt werden und im Hebräischen als der »Herausgezogene« gedeutet werden kann.

(Mose bekommt nicht einen Pharaonennamen, wie Tutmose oder Ramose, - Ramses! -, sondern einfach nur: ›Geboren, als ein Sohn geboren‹. Der Gott Ra wird nicht mehr bezeichnet, sondern nur die Tatsache des Geborenseins: Gotteskind, Geschöpf Gottes, eines Gottes, dessen Name sich offenbart im Unterwegssein des Lebens.)

Es ist keine Selbstrettung, es ist ein Gerettetwerden. Mose hat zwei Mütter, die verschiedenen Kulturkreisen zugehören. Sie konstituieren in Mose eine Doppelidentität. Die Tochter des Unterdrückers bringt den Befreier der Unterdrücker an den Hof, sodass er das Ohr des Herrschers gewinnen und die Mechanismen des Herrschers durchschauen kann.

Die Akteure der Geschichte sind Frauen: die Mutter, die das Kind versteckt und dann aussetzt, die Schwester, die es nicht aus den Augen verliert, die Tochter Pharaos, die es sieht und Hilfe für ihren Adoptivsohn bei einer hebräischen Amme sucht.

Im Zentrum der Geschichte steht die Lebensgefahr und das Rettungskästchen - die Arche des Mose. Eine Ägypterin lässt sich rühren vom Schrei eines hebräischen Kindes. Die Tochter Pharaos durchbricht das todbringende Gebot ihres Vaters angesichts eines Geschöpfes, das sie jammert. Sie wird zum Schutzengel des Geretteten, der zum Retter des Volkes werden soll. Das zum Töten frei gegebene Kind wird zum Mittler der Rettung für das unterdrückte Volk Israel. Mose kann es werden, weil er die Gepflogenheiten des Herrschervolkes von innen her kennt und weil er sich er-innert, wohin er gehört und woher er kommt.

Eine Frau rettet das zum Töten frei gegebene Kind, indem sie nicht kalt bleibt, sich nicht nach politischen Notwendigkeiten oder rechtlichen Vorschriften richtet, sondern ganz elementar menschlich reagiert - eine menschliche Regung zeigt und das legalisierte Verbrechen nicht akzeptiert.

Sie übernimmt eigene Verantwortung für ein fremdes Kind. Sie hört einen Schrei. Und sie hört nicht nur den Schrei, sondern sie tut das, was für das Kind jetzt gut und nötig ist.

In welche Welt wird der aus dem Wasser Gezogene hereingeboren? In eine Macht- und Unterdrückungswelt. Der Lehm, mit dem das Körbchen von innen ausgeschmiert wurde, damit das Kindlein nicht am scharfen Geruch des Pechs ersticke, ist genau der Stoff, der zum Symbol der Unterdrückung der Hebräer geworden war, die im Frondienst aus dem Lehm die Ziegel für die Landsherren brennen mussten. Und das Schilf ist das Symbol für das spätere Hindurchziehen durch das Schilfmeer, angeführt von dem, der aus dem Schilf gezogen wurde. In das Schilfmeer stürzt sich die Armada der Unterdrücker. In dieser »Sintflut« werden sie ersäuft. Für die Peiniger gibt es kein Rettungsboot, keine Arche.

Das Volk zieht fortan 40 Jahre durch Wüste ins gelobte Land. Vorgezeichnet ist ein sich in vielen Variationen wiederholendes Motiv: tödliche Bedrohung und immer wieder erfahrene Rettung.

In der Fassung des Jerusalemer Talmuds heißt es: »Je-

dem, der ein Menschenleben rettet, rechnet es die Schrift
an, als hätte er - oder eben: sie! - eine ganze Welt gerettet.«
In dieser Rettung sind die Frauen die Subjekte: die Mutter,
die Schwester und die Tochter des Pharaos.

Die Rettungsgeschichte kulminiert in einem Kinderschrei:

Der Schrei
Ein Mensch wird geboren, und sofort
schreit er.
Keiner versteht ihn, doch alle
freuen sich.
Da bin ich! Schreit der Mensch,
da, um zu leben.
Bin ich hier richtig?
Geboren bei
guten Menschen?
In einem gesitteten Jahrhundert?
Wird nicht zufällig Krieg geführt?
Ist die Sklaverei hier abgeschafft?
Habe ich die richtige Haut-
farbe?
Die richtige Abstammung?
Darf ich atmen?
Dann besten Dank. *(Ludvik Aškenazy, 1968)*

Palmarum: Exodus 2, 11-25

BIRGIT KLOSTERMEIER

Zwischen Errettung und Berufung - Auszug aus der Kindheit. *Als Mose groß geworden war, ging er hinaus ... und
sah...*

Hinausgehen und die Welt zu sortieren beginnen. Über-
nommenes bestätigen. Oder hinterfragt finden. Sich zuge-

hörig fühlen. Er ging *zu seinen Brüdern* - was weiß Mose über seine Herkunft? Sind für ihn Brüder, für die er fremd ist mit seinem ägyptisch klingenden Namen und seinem vermutlich höfischen Aussehen?

Hinausgehen heißt sich aussetzen und auseinandersetzen mit dem, was zu sehen ist: Abhängigkeit. Ausbeutung. Unterdrückung. Gewalt.

Unterscheiden lernen: was ist richtig und was falsch? Ein Urteil bilden und sich verhalten. Hinausgehen heißt hineingehen und durch Handeln verändern. Sich selbst in Gefahr begeben. Das Risiko einschätzen lernen. Die Welt verändern wollen. Doch worauf hin?

Er sah sich nach allen Seiten um, erschlug ihn und verscharrte ihn im Sand... Was treibt Mose, so zu handeln? Wenn es das Recht ist, so weiß er, dass ein anderes Recht dagegen steht. Auszug aus der Kindheit heißt, mit der Zwiespältigkeit leben lernen. Heißt, zu Konsequenzen stehen lernen.

»Willst du uns ..., wie du den...?« So einer ist er jetzt für sie. Das zu akzeptieren ist mühsam. Schmerzlich. Erschreckend. *Da fürchtete sich Mose...* Wenn das Ideal- und Selbstbild zerbricht, dann bleibt oft nichts als die Flucht. Aufseher ist er nicht. Richter nicht. Einer von ihnen - auch nicht. Kein Ansehen. Keine Achtung. Und der Pharao trachtet ihm nach dem Leben. Niemandsland.

Wenn das Vertraute fremd wird, wird die Fremde zur Zuflucht. Auszug. Schon wieder.

Im Lande Midian. Und er setze sich nieder bei einem Brunnen. wohin auch sonst, wenn alles fragwürdig geworden ist, als dorthin, wo das Lebensnotwendige zu bekommen ist. Aus der Tiefe heraus. Der feste Ort in aller Lebensbewegung. Für Nomaden. Und Andere.

Der Priester und seine sieben Töchter... Mit einem Vermittler zwischen Himmel und Erde bekommt er es jetzt zu tun. Und mit dessen sieben Töchtern. Ausgerechnet sieben - heilige Zahl. Märchenhaftes fast Mythisches hier am Brunnen. Ort, sich zu suchen. Ort, sich zu finden. Erste Blicke. Erste Worte.

Wären da nicht die Hirten, die lärmend und rüpelnd sich Weg verschaffen. *»Sie stießen sie weg.«* Wie immer. Die jungen Frauen kennen das. Jeden Tag dieser Alltagskampf, der Zeit und Kraft kostet.

Mose stand auf und half ihnen... Aus gehabten Erfahrungen lernen und das Gespür weiterentwickeln für das, was richtig ist. Sich nicht unterkriegen lassen, das Risiko abwägen und sich einmischen. Aufstehen und handeln. Die richtige Form zur richtigen Zeit finden. Es wird ihm gedankt.

»Ladet ihn doch ein, mit uns zu essen.« Und Mose willigte ein, bei ihm zu bleiben. Einwilligen in die neue Situation. Sich einen Ort geben. Von Altem Abschied nehmen. Kein Anführer. Kein Richter. Kein Herr über Tod und Leben. Nur Hirte. Sich selbst loslassen. So wird die Fremde ein Zuhause. Die Fremde ihm vertraut - Zippora - und gebiert neues Leben.

Erwachsenwerden. Offensichtlich gehört dazu die Fremdheitserfahrung. Die wird Mose bleiben sein Leben lang. In seiner Frau und in seinem Sohn. In seiner Erinnerung und Erfahrung, in den Möglichkeiten, die er nun hat. Die Kontakte im fremden Land Midian werden ihm von Nutzen sein. Später.

Jetzt erst scheint er der zu werden, der er sein soll: sein Auszug macht ihn zu dem, dem der Auszug anvertraut wird. »Geh du nun hin.« (3,10)

Quasimodogeniti: Exodus 3,15-16; 4,1.10-17

REINHARD HÖPPNER

Historische Mission. Auch nach gründlicher Überlegung komme ich zu dem Schluss: Ich hätte ihm abgeraten, die Aufgabe zu übernehmen. Er war, nach menschlichem Ermessen, denkbar ungeeignet für diese Aufgabe. Wer Leichen im Keller hat, sollte kein führendes politisches Amt übernehmen. Intelligent und gebildet war er ja, aber für eine Führungspersönlichkeit reicht das nicht aus. Man muss seine Wahrheiten auch verkaufen können. Eloquenz ist da eine zwingende Voraussetzung. Und ein Meister der Rede war er nun wirklich nicht. Ich finde es gut, wenn man seine Grenzen kennt und dazu steht. Aber wie die Sache gelaufen ist, das war wieder mal typisch Gott. Er hat eine Schwäche für die nach unseren Maßstäben gescheiterten Existenzen. Er traut ihnen Sachen zu, besser müsste man wohl sagen, er mutet ihnen Sachen zu, das würde ein normaler Mensch sich nicht getrauen.

Damit sind wir aber auch schon unmittelbar beim Thema unseres Textes, der Frage, wie wir mit historischen Herausforderungen umgehen. Das ist eine hochaktuelle Frage. Historische Herausforderungen gibt es genug. Schließlich leben wir in einer Zeit gewaltiger historischer Umbrüche. Man muss sie nur sehen, wie Gott das Leid seines Volkes angesehen hat. Die Herausforderungen stehen dann der Befreiungsaktion, die Gott für das Volk Israel plante, in keiner Weise nach. Ich kann mir schon vorstellen oder doch wenigstens wünschen, dass Gott auch heute sieht, wie wir Menschen gefangen sind in den Spielregeln unserer Zeit, den Zwängen des Wettbewerbs, den Gesetzmäßigkeiten der Globalisierung. Angesichts solcher Herausforderungen wäre es schon wichtig, jemanden zu haben, der Wege aus der Gefahr zeigt. Viele Freunde würde ein solcher Mensch heute wohl auch nicht so schnell haben, denn das Verharren in der gewohnten Sklaverei scheint allemal noch sicherer zu sein als der Aufbruch in eine unbekannte und möglicherweise sogar lebensgefährliche Zukunft.

Wie also, so frage ich mich, ermutigt Gott einen auf den ersten Blick so ungeeigneten Menschen wie Mose, diese historische Aufgabe, sein Volk in die Freiheit zu führen, tatsächlich anzunehmen? In der Sprache von heute würde man wohl sagen: Er hat Erfolge aufzuweisen: Ich bin der Gott Abrahams, Isaaks und Jakobs. Wer die Geschichte der drei Urväter kennt - und das kann beim Volk Israel vorausgesetzt werden - der weiß, die waren auch alle in ziemlich aussichtsloser Position, bevor Gott sie rief und sie

Urgeschichte des Volkes Israel geschrieben haben. Gottvertrauen erwächst nicht aus der eigenen Kraft, sondern aus der Erinnerung an die großen Taten Gottes an den Menschen, aus der Erfahrung, dass er in den schwierigsten Situationen ein verlässlicher Begleiter ist. Gottes Kraft ist in den Schwachen mächtig. Diese Einsicht ist die einzig verlässliche Quelle für den Mut, eine große Herausforderung anzunehmen und sich auf den Weg in eine noch unsichere Zukunft zu machen.

Mose kalkuliert nüchtern: »Sie werden mir nicht glauben und nicht auf mich hören.« In der Sklaverei geht das Gottvertrauen verloren. Das bewegt mich heute immer wieder, wenn ich Menschen in unserer säkularisierten Welt erlebe, die Angst vor der Zukunft haben, die eingezwängt sind in die Regeln des Wettbewerbs, des allgegenwärtigen Marktes und ständig fürchten, nicht mithalten zu können. Dabei wäre es doch eine zentrale Aufgabe der Kirche, der Christen, gerade den Menschen, die nicht an Gott glauben, die sagen: »Er ist dir nicht erschienen«, dieses elementare Gottvertrauen zu vermitteln. Nötig wäre dazu, dass wir die Ermahnung des Psalmbeters beherzigen: »Vergiss nicht, was er dir Gutes getan hat.« Wenn wir doch erinnern könnten, wie gut es uns geht, wie viel Gutes er uns getan hat, dann wären wir vielleicht neugieriger auf die guten Überraschungen, die Gott noch für uns bereit hält und würden nicht nur auf die nächste Katastrophe warten, die uns allabendlich über den Bildschirm flimmert.

Wer gegen diese Flut schlechter, Angst machender Nachrichten angehen will, der braucht, wir kennen das, eigentlich große Fähigkeiten. Er braucht vor allem die Fähigkeit, überzeugend zu reden. Ich fürchte, Mose wäre mit seiner »schweren Sprache und schweren Zunge« in jeder Talkshow untergegangen. Wer keine überzeugende Stimme hat, gewinnt keine Stimmen. Und wer keine Stimmen hinter sich bringt, hat keine Chance, ein großer Führer zu werden. Gott verweist zwar auf seine Schöpferkraft, aber diese Rede ist dem Mose denn doch zu abstrakt. Er hat die konkreten Wortgefechte vor Augen, die ihm vermutlich bevorstehen. Da ist es nur konsequent, wenn er sagt: »Mein Herr, sende wen du willst (nicht mich).«

Mose ist ein hartgesottener Bursche. Da wird sogar Gott, der Herr, zornig. Das Bild von Gott, mit dem man hart streiten kann, ist weitgehend aus unserer Gottesvorstellung verschwunden. Ich finde das schade, weil gerade in solchen harten Auseinandersetzungen die Vorstellung dafür erwächst, wie es trotzdem gehen könnte. Gottes Handeln in der Welt ist ein Handeln trotz alledem. Ja, die Welt ist schlecht. Es gibt grausame Herrscher und die perfekten Führer, die uns in eine bessere Welt führen könnten, gibt es auch nicht. Gott handelt trotz alledem. Was Mose nicht kann, wird sein Bruder Aaron können. Gemeinsam werden sie es schaffen. Die Lehre daraus? Es gibt keine Situation, in der Gott nicht noch etwas einfällt, wie es trotzdem gehen könnte. Ärgerlich für Mose, weil ihm keine Ausrede mehr einfällt. Aber gut für uns, weil wir sicher sein können: Für Gott gibt es keine ausweglose Situation. Mose sagt nicht ja. Aber er geht. Er hat das Selbstvertrauen gewonnen, was nötig ist, um die große Aufgabe anzunehmen.

Verlässliches Selbstvertrauen erwächst nicht aus dem Glauben an die eigene Stärke. Durchhaltbares Selbstvertrauen erwächst aus Gottvertrauen. Gottvertrauen aber entsteht aus der Erinnerung an seine verlässliche Begleitung, insbesondere dann, wenn wir solche Begleitung konkret erfahren durch Menschen an unserer Seite. Gottvertrauen erwächst aus dem Wissen, dass wir gemeinsam stark sind. Gottvertrauen erwächst aus der Erfahrung, dass er aus den scheinbar ausweglosen Situationen unseres Lebens herausführen kann in die Freiheit. Selbstvertrauen erwächst aus der Gewissheit, dass Gott selbst aus unseren Schwächen und Fehlern noch etwas Gutes machen kann. Stark sind wir nicht, weil wir besser sind als alle anderen, sondern weil wir einen gnädigen Gott haben.

Vielleicht tut Gott sein Werk gerade darum mit den auf den ersten Blick Schwachen. Sie stehen nicht in der Gefahr, über ihre Überheblichkeit zu stolpern. Sie haben die Demut, die weiß, dass das Gelingen nicht aus der eigenen Stärke kommt, sondern durch die mächtige Hand Gottes geschenkt wird. Solche Demut, ist eine besonnene, eine weise und vielleicht die einzig durchhaltbare Form von

Mut in großen Herausforderungen. Solche Demut ist in unserer heutigen Medienwelt nicht besonders gefragt. Aber vielleicht ist sie die einzige Form von Mut, mit der man in dem Wissen um die eigenen Schwächen aufbrechen kann in eine unsichere Zukunft. Vielleicht ist Demut die einzige Form von Mut, mit der man die wahrhaft großen Herausforderungen, die auch heute vor uns liegen, annehmen kann. Mose bekommt zur Erinnerung einen Stab, ein Zeichen für Gottes Kraft der Verwandlung. Mit diesem Stab wird er Wunder vollbringen. Gibt es das, das Unmögliches möglich wird? Da möchte ich antworten mit dem Liedvers: »Ich sage euch, versucht es doch. Was damals ging, geht heute noch.«

Misericordias Domini: Exodus 4,17-31; 5,1-9

MARTIN FILITZ

Wer Torah mehrt, der mehrt Leben. Wer die Torah vergißt, der geht langsam, aber unaufhaltsam dem Leben verlustig. Wo die Christenheit Torah vergaß, vergessen wollte, da folgte dem Vergessen die Pogrome. Und wo die Christenheit Torah vergaß, sie vergessen wollte, da schwanden ihr die Sinne für die Konkretionen des EWIGEN in der Welt, für seine Spuren im Staub dieser Erde, da mußte alles Mythologie werden, was der ach so aufgeklärten Vernunft nicht standhalten konnte. Und wo die Christenheit sich losgesagt hatte von der Torah, mußte sie einen ungeheuren Aufwand treiben, um zu verstehen, mußte sie plausibel machen, warum biblische Worte nicht wörtlich genommen werden dürfen, daß die Hoffnung nur Illusion ist und für alle das beste, wenn man sich möglichst bruchkantenfrei in die geistige oder ungeistige Lage der jeweiligen Zeit einpaßt.

Wer Torah mehrt, der mehrt Leben. Der macht sich auf die Suche nach den vergessenen Spuren, der beginnt, auch die griechischen Texte den Neuen Testaments mit hebräisch geschulten Augen zu lesen. »aus Ägypten habe ich meinen Sohn gerufen« - so Matthäus, der Torah-kundige Evangelist, um die Flucht des Kindes und seiner Eltern nach Ägypten zu deuten. Er zitiert, um den von ihm erkannten und bekannten Messias Israels eindeutig zu verorten eben in der Torah, in der Geschichte des Mose, des gescheiterten Rebellen, einst zur Fahndung ausgeschrieben im Land der Pharaonen, der nun mit Frau und Esel zurückkehrt, um von Pharao die Freiheit des Volkes des LEBENDIGEN einzufordern. »Let my people go!« - so werden die Sklaven auf den Baumwollfeldern der Südstaaten der USA einst singen, noch nicht angekränkelt von hermeneutischen Überlegungen, ob und wie diese Überlieferungen historisch sind oder nicht, ob und wie man wörtlich nehmen darf, was aus anderen Zeiten kommt. - N. B. es ist schon eine Ungeheuerlichkeit, einem Autor zu unterstellen, er schreibe anders, oder meine das, was er schreibt zumindest nicht so, wie er es schreibt. Daß unsere gängige biblische Hermeneutik diesem nur scheinbar aufgeklärtem Grundsatz folgt, das verdient, ab und an in Erinnerung gerufen zu werden. Und selbst die nach innen gekehrte Poesie der Kantaten Johann Sebastian Bachs weiß noch um den gesamtbiblischen Zusammenhang, wenn sie singt: »Wenn kömmt der Tag, an dem wir ziehen / Aus dem Ägypten dieser Welt?/ Ach! laßt uns bald aus Sodom fliehen, / Eh uns das Feuer überfällt! / Wacht, Seelen, auf von Sicherheit / Und glaubt, es ist die letzte Zeit!« (J. S. Bach, Kantate BWV 70, Aria Nr.3)

Die Rückkehr in das Land der Unterdrückung ist nicht ohne Gefahren. Davon erzählt die dunkle Geschichte von der Beschneidung des Mose durch Zippora. Es ist uns fremd, daß der LEBENDIGE auch seinem Erwählten dunkel begegnen kann, unverstanden, ja unbegreiflich. Die Hiob-Erfahrung ist in der Schrift nicht singulär. Sie zieht sich durch bis hin zum Kreuzesschrei Jesu: der Bund des EWIGEN ist keine Traumreise auf angenehmen Wohlstandsflügeln. Er hat mit Leidenschaft zu tun, die bis aufs Blut geht.

Und diese Geschichte setzt sich fort. Der Beginn der Befreiung macht die Lebensbedingungen noch härter - bis an die Grenze der Unerträglichkeit. Pharao ist kein Papiertiger. Er weiß, wie man das Programm umsetzt: »Vernichtung durch Arbeit« - von ihm könnte der menschenverachtende Slogan erfunden sein, der über dem Tod von Auschwitz zu lesen war: »Arbeit macht frei!« Die Parallelen drängten sich von selbst auf, wo der historischen Kritik nicht das Vorkaufsrecht auf die biblischen Texte eingeräumt wird. Ihr das relative Recht an den Texten zu bestreiten, das wäre töricht. Aber wo Menschen schon wissen, verlernen sie das Hören. Und wo sie das Hören verlieren, verlieren sie den Bezug zu den Texten des Lebens. Der alte Text erschließt sich, indem er sich an der Erfahrung reibt, indem er Wirklichkeit zur Sprache bringt, die über die Wirklichkeit des Textes hinaus geht. Und diese Wirklichkeit sucht neue Erfahrungen und sucht Menschen, die sich auf Entdeckungsreise in der Schrift machen.

Wer Torah mehrt, mehrt Leben. Dem erschließt sich die Wirklichkeit in einzigartiger Weise, dem Eröffnen sich Erfahrungen im Angesicht des LEBENDIGEN, der gestern war, der heute ist und morgen sein wird.

Jubilate: Exodus 6,2-13

JÜRGEN ZIEMER

In diesem Text wird die Berufung des Mose zum zweiten Mal erzählt. Alle tragenden inhaltlichen Momente aus 3,1 - 4,16 kehren wieder - freilich nun in einer für die priesterschriftliche Überlieferung (P) charakteristischen Fassung. Die Sprache von P wird z. B. an dem Gottesnamen (V 29) ebenso erkennbar wie an der typischen Formulierung vom

Aufrichten des Bundes (V 39). Als Ort der Berufung wird hier Ägypten vorausgesetzt, während die jahwistische Tradition Mose in Midian (3,1) Gott begegnen lässt. Wir haben es hier also mit einem relativ späten Traditionsstrang der Thoraüberlieferung zu tun. Manches wird verständlich, wenn man sich vergegenwärtigt, dass die Verfasser von P auf die Erfahrungen der großen Propheten Israels reagieren. Das ernüchternde »Sie hören nicht«, das so viele Boten Gottes erleben mussten, wird hier in Israels frühe Vergangenheit übertragen (Schmidt 179ff).

Der Text enthält die Gottesrede an Mose (V 2-8) und anschließend den Bericht von Moses vergeblichen Bemühungen (V 9-12). Die Gottesrede Jahwes (V 2-8) ist in sich gegliedert: V 2-5 sind Voraussetzung und Begründung für den Auftrag, der in V 6-9 an Mose ergeht. Der V 13 gehört sicher nicht zu diesem Textabschnitt (völlig unmotiviert wird Aaron hier eingeführt); der direkte Anschluss an V 12 ist vielmehr V 30 und dann 7,1ff Aber es ist doch sinnvoll V 13 hinzuzunehmen, wenn man den Text auslegen möchte, weil so deutlich wird, dass der Auftrag an Mose von Gott her trotz des Misserfolgs bekräftigt wird.

Am Anfang der Berufung steht Gottes Selbstvorstellung. Anders als in 3,6ff wird hier Gottes neuer Name betont. El Schaddai wurde er bisher genannt (so auch in dem Text von P bis hierher), der Name ist unübersetzbar. Luthers »allmächtiger Gott« ist lediglich durch die Septuagintaübersetzung gerechtfertigt. Am besten ist es wohl, auch gegenüber der Gemeinde, ihn einfach original zu belassen: El Schaddai. Von nun an aber will Gott »Jahwe« heißen. Auch hier empfiehlt es sich, langsam von der gewohnten Prädikation »der Herr« Abstand zu nehmen, um die unerwünschten Konnotationen, die das Wort »Herr« nun einmal hervorruft, zu vermeiden. Die jüdische Gemeinde sagt »Adonaj«, das hat einen ganz anderen Klang. Vielleicht könnte auch das ein Gottesname für uns sein - wie Jahwe oder eben Gott. Wie man sich auch entscheidet: ER hat viele Namen. Der Jahwe-Name, der hier in V 3 eingeführt wird, ist freilich mehr als ein bloßes Nennwort. ER ist auch Offenbarung: Gott verknüpft ihn mit seinem Wirken in der Geschichte (V 6ff). Ich bin Jahwe, das heißt konkret: Ich bin der, der Euch aus Ägypten, aus der Knechtschaft befreien wird. Daran, dass dies geschehen wird, wird (Futurum) Israel erkennen, dass ER wirklich Jahwe ist (V 7). Wann wird das sein? In irgendeiner geschichtlichen Epoche Israels oder erst am Ende, am Tag Jahwes, wenn alles Eitle und alles die Menschen Knechtende zugrunde gehen muss, damit »Jahwe allein hoch sei« (Jes 2,12-17)? Der Text ist zumindest offen für eine eschatologische Deutung in dieser Richtung.

Mose und Gott. Der Unterschied wird zum Greifen deutlich: Jahwes unbedingtes »Ich bin« trägt den ganzen Text. Es ist ein mächtiges »Ich«, das sich hier äußert. Wer kann daneben bestehen bleiben? Mose bleibt klein und wird, so scheint es, immer kleiner durch die Erfolglosigkeit seines Bemühens (V 9, V 12), das er schließlich seiner eigenen Unfähigkeit zurechnet (V 12b). Deutet sich hier an, dass Mose nicht nur ein Gottesdiener, sondern auch, lästerlich zu sagen, ein »Gottesgeschädigter« ist? Dieser Gedanke ist dem AT ja nicht fremd. Man denke an den hinkenden Jakob (Gen 32,32) oder an den zu Tode verzweifelten Jeremias, der sich beklagen muss: »Du bist mir zu stark gewesen ...« (Jer 20,7). Auch heute noch dürfte die Erfahrung eigener Kleinheit und Untauglichkeit angesichts der Übergröße Gottes vielen Menschen nicht fremd sein - bis hin zu der wütend-verzweifelten Abrechnung eines, der sich von seiner »Gotteskrankheit«, dem Leiden an dem allgegenwärtigen, alles beobachtenden und alles normierenden übermächtigen Gott zu befreien sucht (Tilmann Moser: Gottesvergiftung, Frankfurt 1980, 11.17f). Gegen diesen Gott muss man sich auflehnen. Nicht selten gibt es eine unheilvolle Korrespondenz zwischen der Erfahrung eines schier übermächtigen Gottes und radikaler Abwendung von ihm und seiner Vernichtung. Mose hält stand; er bleibt bei Gott und bei dem ihm erteilten Auftrag - freilich mit »unbeschnittenen Lippen« (V 12). Also doch irgendwie gebrochen? Martin Buber meint: Die Metapher von den unbeschnittenen Lippen sei mehr als äußere Ungewandtheit des Redens, nämlich eine »fundamentale Hemmung der Äußerung selbst«. So wird Mose zum Typ der nur sehr unzureichend befähigten Verkündiger. Wenn er Gott »als Mund dient, so ist er ein stammelnder Mund. Damit wird die Tragik Moses zur inhärenten Tragik der Offenbarung. Das Stammeln ist es, das die Stimme des Himmels zur Erde bringt.« (M. Buber zitiert bei W. H. Schmidt, 292f). Die Dinge so zu sehen, ist dann doch auch wieder tröstlich und rückt für uns das Bild von dem »übermächtigen« Gott zurecht: ER lässt es sich gefallen, in solch schwankenden Boten wie Moses unter uns gegenwärtig zu sein.

Ein Text wie dieser lässt viele Möglichkeiten für Auslegung und Predigt offen. Moses Perspektive ist angedeutet. Natürlich gibt solch ein elementarer »Gottestext« auch Anlass, die Frage »Wer ist Gott?« aktuell zu thematisieren. Mit dem Namen »Jahwe« offenbart sich Gott als einer, der sich nun gerade nicht der Menschen bemächtigen will, sondern sich ihnen verbünden möchte als der Mitgehende und Mitseiende. Wie aber kann er als solcher angesichts der heute bestehenden Gottesvergessenheit den Menschen glaubhaft nahe gebracht werden?

Neben der »stammelnden« Rede der Boten bedarf es hier der diese *begleitenden Zeichen* - wie einst für das wandernde Gottesvolk auf dem Weg durch die Wüste. Zeichen des Bundes, Zeichen des Heils und Zeichen der Liebe sind notwendig, also »Gottesdiensterfahrungen« am »Tag des Herrn« und im Alltag der Welt (Röm 12,1). Es gibt sehr unterschiedliche Weisen und Orte, Gott zu begegnen. Und es gibt unterschiedliche Namen, mit denen Gott sich uns vorstellt. Mose hatte er sich mit einem neuen Namen offenbart, ohne damit den alten zu annullieren: El Schaddai, Jahwe, Adonaj. Gott ist ewig, aber seine Namen, die Weisen seiner Zuwendung zu uns Menschen wandeln sich. Unterschiede der Gottesdienste - zwischen den Konfessionen, zwischen jüdischer und christlicher Religion - verstellen nicht den Zugang zu ihm, sondern halten und lassen IHN in seiner letztlich unfassbaren Fülle deutlicher erkennbar werden.

Kantate: Exodus 23, 10-13

JÖRN HALBE

Arbeit im Zeichen von Ruhe: Im Hintergrund, als die wohl
älteste Spur, steht die Ruhetagsvorschrift Ex 34,21: »Sechs
Tage arbeite, am siebten Tag ruhe; beim Pflügen und Ernten ruhe!«. Sie lebt in unserm Abschnitt fort. Er erschließt
sich von hier aus:
  Arbeit und Ruhe wechseln im Verhältnis von 6:1. Aber
dies nicht im Sinn eines Fußballergebnisses! Der Vordersatz
jeweils (»Sechs Tage/Jahre arbeite/säe... ist kein eigenes
Gebot, sondern wird nur gebraucht, weil das, worauf es
ankommt, als periodisch unverrückbar und dem Sog der
Zeit entzogen gekennzeichnet werden soll: »... aber am
siebten Tag / im siebten Jahr ruhe!«. Mit anderen Worten:
Der Mensch ist immer schon am Arbeiten; das bedarf kei-
nes Gebots, er soll's dürfen. Daß er sich aber darin *unterbrechen* läßt: das muß ihm geboten, dazu muß er bestimmt
werden! Von sich aus bestimmt er sich anders: durch Arbeiten eben.
  Das unterstreicht die Ergänzung in Ex 34,21b: »beim Pflügen und Ernten ruhe!«. Sie sichert die Geltung des Grund-
gebots nicht nur für Zeiten besonderen ›Termindrucks‹,
sondern, - nach Art der Hebräer, ein Ganzes durch seine
zwei Seiten (wie Anfang und Ende) zu bezeichnen - für
einen bestimmten, eigenen *Bereich* des Wirtschafts- und
Arbeitslebens im ganzen: den agrarischen nämlich, den
des seßhaften Bauern. Diese, dem ältesten Israel ursprünglich fremde Wirklichkeit, die Welt des bäuerlichen Lebens mit ihren eigenen Wirtschaftsgesetzen, mehr noch
mit ihren ganz eigenen Rhythmen, Mächten, Verheißungen, Göttern - auch diese Welt wird hier zum Geltungs-
bereich einer Ordnung, die, mitgebracht wohl aus den
Zeiten des Hirten- und Wanderlebens, alle naturhaften
Rhythmen und Zwänge des Ackerbaujahres durchkreuzt!
Kühl durchkreuzt, kühn; denn der Wechsel von Arbeit und

Ruhe wird eben nicht dem Walten der Mächte in der Natur unterworfen, sondern wird frei bestimmt - von Gott frei bestimmt: Zeichen seiner Herrschaft über die Zeit des Menschen.

Daß es tatsächlich nicht weniger als dieser Autorität bedarf, um die Menschen zu bewegen, je wieder Abstand zu nehmen von den Gesetzen und Zwängen der Arbeitswelt, der Wirtschaftslogik, ihren Idolen und Ideologien (der Name für ›Erfolg‹ auf Feld und Tenne war Baal!): Das entspricht dem, was wir selbst aus eigener Gegenwart wissen. Denn Israel, seinerzeit, stand ja mutatis mutandis vor einem ›Modernisierungsschub‹, wie er dem heutigen gleichkommt: Der Eintritt in die Kultur seßhafter Bauern machte es technisch verführerisch, vor allem aber ökonomisch sinnvoll, wenn nicht zwingend, die hergebrachte Zeitstruktur mit ihrem völlig souveränen, gänzlich gelassenen Wechsel von Arbeit und Ruhe - zu ›flexibilisieren‹; zu öffnen nämlich für die Dynamik des Machtsystems, das sich in diesem Begriff alles durchdringend verbirgt (R. Sennett, Der flexible Mensch. Die Kultur des neuen Kapitalismus, 1998). - Israel nicht, nicht von sich aus, aber Israels Gott und der Glaube an ihn haben sich dieser Versuchung versagt.

In der Vorschrift zum Sabbat-Jahr ist gänzlich erobert, was Ex 34,21b noch eigens einbezieht: die Welt des Ackerbauern.

Es sollte im Grunde nicht ›Sabbat-Jahr‹ heißen; denn der Name als Substantiv (›Sabbat‹) fehlt für das je siebte Jahr wie für den je siebten Tag. Für diesen wird (mit dem Verb, das wir mit ›ruhen‹, ›feiern‹ übersetzen) schlicht und prosaisch ›aufhören‹ geboten, ›einen Punkt machen‹; und für das je siebte Jahr ein ›Loslassen‹ (im Kontrast zum ›Einsammeln‹), ein ›Liegenlassen‹ (in Entsprechung zum ›Säen‹). Diese Prosa ist wichtig - und die Erläuterungen, zu wessen Gunsten Ruhetag und Ruhejahr einzuhalten sind, sprechen es aus: Das Störende, ›Dysfunktionale‹ dieser Ordnung wird nicht etwa dadurch abgeschwächt oder plausibel gemacht, daß sie dem Angesprochenen selbst, dem Landbesitzer, am Ende denn doch allerlei eigenen Vorteil verspricht. Diese Ordnung und ihr Inhalt - Ruhen eben - ist jedem Kalkül von eigenem Nutzen, eigenen Zwecken entzogen. Mit ihr tritt ein, *was sonst nicht ist*: Eschaton, Vorschein des Ziels (Hebr 4,9).

Das mag für uns das Verblüffendste sein: Inhalt und Ziel dieser Ordnung ist keine Ruhe, die aus Arbeit herzuleiten, von Arbeit abhängig, durch Arbeit zu erreichen und also in irgendeinem Sinn ›arbeits-logisch‹, ›ergo-nomisch‹ wäre (›Freizeit‹ hieße das). Sondern die Ruhe, um die es hier geht, ist eine strikt ›theo-logische‹, ›theo-nome‹ Sache: Ermöglicht und begründet durch nichts als den guten Geist und die menschenfreundliche Weisung Gottes, von der es heißt (Lev 18,5), »der Mensch, der sie tut, wird durch sie leben«. Das kehrt die Verhältnisse um: Nicht Ruhe im Zeichen von Arbeit; Arbeit im Zeichen von Ruhe! - Und keine Verehrung den Götzen (V 13).

Rogate: Exodus 24,7-11

SIEGHARD LÖSER

Erste Gedanken: Das Buch des Bundes und das Blut des Bundes stehen in einem engen Zusammenhang. Ein Leben nach den Weisungen JHWH's ist ohne Opfer offensichtlich nicht zu haben. Der Selbstverpflichtung JHWH's folgt die zweiteilige Antwort des Volkes: tun und hören. Das Tun und Hören nach den Weisungen JHWH's und ein (anstrengender) Aufstieg zu IHM eröffnen die Sicht auf seine Gottheit und Schönheit.

Der Text (exegetische Beobachtungen und Zusammenhänge): Der Bundesschluß am Sinai (Kap 24) besteht in der jeweiligen Selbstverpflichtung der Bundespartner. Das hat konkrete Folgen, die ab Kap 25 entfaltet werden. Insofern bildet der Predigttext den Ausgangs- und Höhepunkt der Sinaiperikope.

Zum Bundesschluß gehört das Verlesen des Bundesbuches (Ex 21,1-23,19) und der darauf abgelegte und mit Blut besiegelte Eid.

Beteiligte Personen: 1. Mose, der das Buch (Buber/Rosenzweig: »die Urkunde«) vorliest und das Volk (mit Blut) besprengt, und der mit den Ältesten emporsteigt zum Gott Israels.

2. Das Volk - es antwortet mit einer Selbstverpflichtung auf den Vortrag: »Alles, was der HERR gesagt hat, wollen wir tun und darauf hören.«

3. Das Presbyterium Israels - sie dürfen Gott schauen. Es sind die »Edlen« (Luther), die »Eckpfeiler« (Buber/Rosenzweig). Nach erfahrener Theophanie folgt ein gemeinsames Essen und Trinken.

4. Der Gott Israels - er zeigt sich in Klarheit und Schönheit. Er reckt seine Hand nicht gegen die Vertreter seines Volkes.

Theologische Relevanz heute: In der jüdischen Theologie (sehr zu empfehlen: Fackenheim, Was ist Judentum) wird bei der vorliegenden Perikope besonders auf V 7 insistiert: erst tun, dann hören. Das für Nichtjuden Verwunderliche der Perikope (die Schilderung der Theophanie V 10f) findet dagegen kaum Beachtung - bestätigt sich hier das alte Klischee über jüdischen Glauben: Orthopraxie vor (rechter) Gotteslehre?

In der ev. Kirche scheint die Bundestheologie als Mitte der hl. Schrift durch die Lehre von der Rechtfertigung an den Rand gedrängt oder gar aus dem Blick geraten (vgl. die Auswahl diesbezüglicher Texte für das Perikopenbuch).

Dem Text kommt in der Bundestheologie eine Schlüsselstellung zu. In einer Zeit zunehmender Individualisierung und Beliebigkeit gewinnt der Bundesgedanke überragende Bedeutung.

Darüber predigen: Die vorliegende Perikope scheint auf den ersten Blick nur schwer zum Thema des Sonntages zu passen. Beten (Rogate) ist aber nicht nur Bitte, Dank, Lobpreis und Fürbitte (1 Tim 2), sondern auch Einstimmen in den Willen Gottes (Buber) und vor allem Tun und Hören dessen, was JHWH gesagt hat (V 7). Beten und Tun stehen in engem Zusammenhang. Man scheue sich nicht, auf konkrete Anliegen des Bundesbuches (z. B. 23,9) zu verweisen.

Beten ist auch Aufstieg zur Schönheit und Gottheit JHWH's. Das Tun und Hören der Weisung aber steht auch in engem Zusammenhang mit der Bereitschaft zum Opfer. (Das ist festzuhalten gegen eine verbreitete esoterische Sehnsucht nach Theophanie ›pur‹).

Es erscheint reizvoll und lohnend, über die scheinbar nicht sofort ins Auge stechenden Aspekte des Betens zu predigen. Beten aber ist immer konkret oder es ist kein Beten. Die Predigt selbst sollte darum Gebet sein: einerseits als Rede an Gott in Bitte, Dank, Lobpreis und Fürbitte; andererseits als Hören auf Gott und seine Weisungen und dadurch Erkenntnis und Aufstieg zu seiner Schönheit und Gottheit; auch in der Befähigung zur Opferbereitschaft. Beten geschieht in der Gewißheit des geschehenen Bundesschlusses.

Exaudi: Exodus 34, 29-35

FRIEDEMANN STEIGER

1. Wir gehen von außen nach innen.

Die Gesichter dieser Welt. Machen Pause. Namenlos. Zeit ruht sich auf ihnen aus. Gähnen. Spielen. Langeweile. Träumen sich in Form. Jung und alt. Normal und böse. Noch eben Tanz und traurig schon.

Die Gesichter dieser Welt. Lachen. Werfen Knöpfe, Kugeln, Karten. Napalmverbrannt. Enttäuscht. Verhungert. Begeistert auch am Ball. Leistung und Frisierhaubentrost. Warten. Ungehorsam. Pflichtig. Dann zerfallen sie zu Staub.

Die Gesichter dieser Welt. Don Quijote. Chaplin. Marceau. Masken werden weggeworfen. Ob sichs lohnt? Kehrte heim der Sohn und lacht. Die Vatermutterarme. Diese große Sehnsucht.

Die Gesichter dieser Welt. Kranke Augen. Manche Falten, Wunden. Besucht, geliebt und angenommen. Liebe, die verschenkt wird, bleibt. Brutal und mächtig. Wem verpflichtet? Tot sehen wir zurück. Augustus lässt die Massen laufen. Ein Milliardär fürs Geld im All.

Die Gesichter dieser Welt. Fall nicht auf. Halt still. Mach mit. Wer aufmuckt, gehört ins Sanatorium. Unwirsch. Verdattert. Ruppig. Eigen. Verträglich auch. Was für Herzen bluten leer die Nacht. Unterwegs noch liegen Steine. Heller wird das Staunen.

Die Gesichter dieser Welt. Als wir in das Dunkel gingen. Froh. Andächtig. Licht. Sollte der sich noch maskieren. Das Gesicht für diese Welt? Du Angesicht, lehrst fröhlich sein. Anfänge täglich. Versäumnisse stündlich. Sekundentränen. Aber aufgerichtet.

2. Der Philosoph Emmanuel Levinas in »Totalität und Unendlichkeit« (Karl Alber, Freiburg, München, 1987) über das menschliche Antlitz:

Der Zugang zum Antlitz ist zuerst ethischer Art. Den Anderen zu beschreiben, objektiviert ihn. Seine Augenfarbe zu bemerken heißt, keine soziale Beziehung zu ihm zu haben. Es gibt die Geradheit des Antlitzes, dessen schutzlose Darbietung. Die Haut ist entblößt. Eben schutzlos. Wir entdecken im Antlitz eine wesentliche Armut. Deshalb maskieren wir uns. Posen. Haltung. Unser Antlitz ist exponiert. Bedroht. Es lädt zu Gewalt ein.

Das Antlitz ist aber auch Bedeutung. Der Sinn einer Sache steht in ihrer Beziehung zu etwas anderem. Das Antlitz aber ist keine Sache. Es ist Sinn für sich allein. Du, das bist du. Das Antlitz wird nicht »gesehen«. Noch einmal: Die Beziehung zum Antlitz ist ethischer Art. Es ist das, was man nicht töten kann: Oder, dessen Sinn darin besteht zu sagen: »Du sollst nicht töten!«

So ist der Andere Antlitz. Aber er spricht zu mir und ich zu ihm. Antlitz und Gespräch sind miteinander verbunden. Das Antlitz spricht. Das Gespräch beginnt. Auch eine Antwort beginnt und damit die Verantwortung. Die Beziehung wird damit echt. Im Gespräch ist das Sagen und das Gesagte zu unterscheiden. Das Sagen muss ein Gesagtes enthalten. Aber das Sagen bezeichnet die Tatsache, dass ich das Antlitz nicht einfach betrachte, sondern ihm antworte. Das Sagen ist eine Art, den anderen zu grüßen. Aber das Grüßen ist bereits Antwort. Es ist schwierig, in Gegenwart von jemandem zu schweigen. Man muss ihm etwas sagen... notfalls über das Wetter.

Das Antlitz des Anderen hat Erhabenheit. Höhe. Der Andere ist höher als ich. »Du sollst nicht töten!« ist das Gebot. Da liegt ein Befehl drin, als würde ein Herr zu mir sprechen. Dennoch ist das Antlitz entblößt. Hier ist der Elende, für den ich alles tun kann und dem ich alles verdanke...

Wie kommt es, dass es Gerechtigkeit gibt? Weil es nicht nur den Anderen gibt, sondern auch den Dritten. Was weiß ich vom Verhältnis des anderen zum Dritten? Gibt es da Übereinstimmung? Wird da einer geopfert? Wer ist mein Nächster? Ich muss abwägen, nachdenken, beurteilen. Ich muss Unvergleichbares miteinander vergleichen. Ich muss eine Beziehung zum Anderen und zum Dritten herstellen. Es besteht sicher auch die Notwendigkeit, den Anderen und den Dritten einzuschränken. Daher die Frage nach der Gerechtigkeit...

3. Mose kommt vom Berg Sinai herab. Er weiß nicht, dass die Haut seines Angesichts glänzt, weil er mit Gott geredet hat. Die ihn sehen, fürchten sich. Mose ruft sie heran. Er erinnert sie an die Gebote, die wir vorher in einer fast archaischen Kurzfassung lesen. Danach legt er eine Decke, einen Schleier auf sein Gesicht. Das macht er jetzt immer so, wenn er mit dem Herrn geredet hat in der Stiftshütte. Er kommt heraus und bedeckt sein Gesicht. Niemand soll sich fürchten. Das Volk, das Gott nur noch durch Mose begegnen will, erträgt nicht einmal dessen Glanz. Den Widerschein Gottes auf seinem Antlitz. Der Glanz Gottes, sein Licht, seine Erhabenheit, sein unendlicher ewiger Schein. Der, der in einem unendlichen Lichte wohnt, kann nur Licht verbreiten. Aber wer soll das ertragen? Lichtestes Licht ist auf den Ikonen der Orthodoxie schwarz. Vielleicht aus diesem Grund.

Textstellen: »Mose redet mit Gott in der Stiftshütte von

Angesicht zu Angesicht, wie ein Mann mit seinem Freund redet.« (Exodus 33,11). Obwohl, die Herrlichkeit Gottes direkt zu schauen, wird Mose verwehrt. Er verbindet seine Bitte auch mit diesem »So lass mich deinen Weg wissen, damit ich dich erkenne und Gnade vor deinen Augen finde« und bekommt die Zusage: »Mein Angesicht soll vorangehen...« Und wenig später heißt es dann: »Ich will vor deinem Angesicht alle meine Güte vorübergehen lassen und will dir kundtun den Namen des Herrn: Wem ich gnädig bin, dem bin ich gnädig und wessen ich mich erbarme, dessen erbarme ich mich.« (Exodus 33,18). Und danach: »Mein Angesicht kannst du nicht sehen, denn kein Mensch wird leben, der mich sieht.« (ebd. V 20). In einer Ecke darf Mose stehen und der Herrlichkeit Gottes hinterhersehen. Müssen wir uns also, auch die Christenheit, mit dieser indirekten Schau begnügen? Die Stiftshütte war ein befestigtes Zelt. Sie war nicht der Wohnort Gottes, wie der Tempel, sondern nur ein Treffpunkt, ein Ort der Begegnung von Jahwe und Mose. Es fand wohl auch kein regelmäßiger Opferkult vor dem Zelt statt. Es war eher eine Orakelstätte. Ein Ort des ergehenden Jahwewortes. Ich denke mir, dass Mose dort meist gebetet hat. Er wird es auch nötig gehabt haben. Probleme gab es genug um ihn herum. Wer Verantwortung auf sich nimmt, wird für alles verantwortlich gemacht. Nach Luthers Motto:

»Heute habe ich viel zu tun. Da muss ich sehr viel beten.«

4. Was Mose sollte und wollte...

Mose musste sein Volk lehren, in allem, den Dingen, den Naturereignissen, den Steinen, im Wasser, in Krankheiten, Versäumnissen, im Sandsturm, in Streitigkeiten, in freudigen Ereignissen, die Gegenwart Gottes wahrzunehmen, ohne sich am ersten Gebot zu versündigen. Er musste es lehren, Gottes Gegenwart im täglichen Geschehen, also in der Geschichte erlebbar zu machen, auch wieder, ohne sich am ersten Gebot selbst zu versündigen. Er musste es lehren, Gottes Gegenwart im Tun greifbar zu machen, ohne die dazu nötigen Gesetze und die Ausführungen zum obersten Gebot. »Ich bin der Herr, dein Gott« zu verleugnen. Der Weg zu Gott ist, seinen Willen zu tun. Was für ein

Abgrund für Verwechslungsmöglichkeiten! Die Beispiele lassen sich schnell finden. Auf dem Berg Nebo ist mir das einmal sehr deutlich geworden. Mose durfte das verheißene Land nur sehen. Der Blick war sicher auch damals schon einmalig. Aber wer käme nicht gern hinein?

Mose wird also in der Stiftshütte gebetet haben. Ahnte er schon, dass er Gott im Anderen und im Dritten (Levinas) begegnet? »Du sollst Gott lieben und deinen Nächsten wie dich selbst!« Das stabile Dreieck der Liebe. Wenn du Gott nicht liebst, dann kannst du auch den Nächsten nicht lieben und auch nicht dich selbst. Wenn du deinen Nächsten nicht liebst, dann kannst du auch Gott nicht lieben und dich auch nicht. Und wenn du dich nicht liebst, dann kannst du Gott und deinen Nächsten nicht lieben. Etwas einfach, ich gebe es zu. Aber so schwer zu befolgen. Dieser Auftrag und ich sehe es als einen Auftrag, begegnet dir in jedem menschlichen Gesicht. Darum ist das menschliche Gesicht für sich allein schon Sinn und fragt nach Sinn. Es ist auch in den verschrobensten Besonderheiten, in der entstelltesten Form, in der würdelosesten Erniedrigung, in der erbärmlichsten Zurschaustellung mit dem Abglanz der Herrlichkeit Gottes geadelt. So muss es zum Gespräch kommen. Daraus wächst Verantwortung. Wenn der Andere immer höher ist als ich, wenn er eine Erhabenheit hat, die unvergleichlich ist, wenn er eine Höhe ausstrahlt, die ich nie vermutet habe, dann ist das höchste Gut nicht das Gute, sondern das Heilige. Von dieser Heiligkeit leben wir alle. Die Frage nach der Gerechtigkeit, der Gerechtigkeit

Gottes und unsere Gerechtigkeit ist von daher zu beantworten. Jeder Mensch hat so die Chance, am Heiligen teilzuhaben und daraufhin Gutes zu tun.

5. Der Abgrund der göttlichen Geheimnisse

würde den Menschen zerstören. Aber einiges dürfen wir tun. Wir dürfen Seinen Namen nennen. Vor Sein Angesicht treten. Jeden Tag. Wir dürfen uns auf die Treue Gottes verlassen. Wir dürfen Seiner Allmacht vertrauen. Er meint es gut mit uns. Er gibt uns auf andere Weise, wenn er uns nimmt. Wir dürfen uns auf seine Gegenwart verlassen. Exodus 3: »Ich werde sein, der ich sein werde,« übersetze ich immer gern kindlich:»Du, Mose, Ich bins doch! Du kennst mich doch!« Wir dürfen davon überzeugt sein, mit ihm in einer Freiheit zu leben, die nicht zu übertreffen ist. Und wir werden mit Paulus und dem Neuen Testament hören: »Lass dir an meiner Gnade genügen« (2. Kor.12,9). Wir dürfen uns auch darüber wundern, welchen Weg Gott mit den Menschen gegangen ist. Von der Weltschöpfung bis zur Landnahme. Was für ein Riesenaufwand. Was ist da nicht alles geschehen, um einem Volk Land zu geben, eine Heimat. Was musste nicht alles in Kauf genommen werden an Unfügsamem, Verwunderlichem, Begeisterndem, an Gericht, Niedergeschlagenheit, Gnade, Vergessenheit, Verfremdung, an Nichtverständnis, Erschrecken, Blut und Schreien, um einzelnen Menschen eine Heimat zu geben. Ihnen immer wieder zu sagen: »Du sollst ein Segen sein!« Und sie sind es tatsächlich geworden. Erstaunlich. Wenn wir also fragen, hat sich dieser Riesenaufwand gelohnt, dann können wir mit unserem Leben nur mit einem freudigem »Ja« antworten. »So wahr ich lebe, so soll alle Welt der Herrlichkeit des Herrn voll werden.« (Numeri 14,21). »Jesus Christus, gestern und heute und derselbe auch in Ewigkeit«

6. Die Hörner des Mose

Oft sehen wir Mose mit zwei strahlenden Hörnern dargestellt. Was hat es damit auf sich? Es wird sich wohl um ein falsches Verständnis des Wortes »karan« im Hebräischen handeln. Man übersetzte es mit »Horn« und ließ aus der Stirn des Mose oder seinem Haupt zwei feurige Strahlenbüschel hervorkommen, Hörnern gleich. Sogar die jüdische Tradition folgte dem. Vielleicht ist das Wort doch im Sinne von »Haut« zu verstehen. »Die Haut von Moses Antlitz wandelte sich, glänzte und leuchtete von dem auf sein Angesicht fallenden Widerschein des Feuers aus der göttlichen Ansprache an ihn. Es begann mit ihm eine Umschöpfung.« (Benno Jacob zur Stelle in Exodus, Calwer, Stuttgart 1997)

7. Die Decke des Mose. Torah und Evangelium

Paulus schreibt im 2. Kor.3,7: »Wenn aber schon das Amt, das den Tod bringt und das mit Buchstaben in Stein gehauen war, Herrlichkeit hatte, so dass die Israeliten das Angesicht des Mose nicht ansehen konnten, wegen der Herrlichkeit auf seinem Angesicht, die doch aufhörte, wie sollte nicht viel mehr das Amt, das den Geist gibt, Herrlichkeit haben? Paulus kennzeichnet die Doxa des Mose als eine, die vergeht, genauer, »die (doch) beseitigt wird«. Aber die rabbinische Tradition hält den Glanz des Mose für unvergänglich. Nach Paulus wurden die Sinne der Juden verstockt. Bis heute liegt eine Decke unaufgedeckt über dem AT. Nur in Christus kann sie abgetan werden. Bis heute hängt die Decke auch vor ihren Herzen. Erst, wenn Israel sich bekehrt, wird die Decke abgetan. Christofaschismus? Werden hier schon die Verbrennungsöfen angeheizt? Müssen wir alle Juden werden, um das wieder gut zu machen?

Die Decke liegt auf uns allen. Nur wer sich dem Geist der Freiheit zuwendet, dem wird die Decke weggenommen. Es gibt zum Glück Matthäus 17, die Verklärung Jesu, Mose und Elia. Sie begegnen einander. Sie sind miteinander im Gespräch. Die Jünger müssen keine Hütten bauen. Sie werden heruntergeschickt zu den Menschen. Der Geist des Herrn schenkt ihnen die Freiheit des Tuns des Gerechten. Die goldenen Kälber stehen allerorten. Auch das Fernsehen kommt nicht ohne sie aus. Wir sind ein halsstarriges Volk. Aber wir sind geliebt »um der Väter willen.«

1. Sonntag nach Trinitatis: Leviticus 16,39-34

FRIEDRICH-WILHELM MARQUARDT

Wir haben es mit der »Stiftungsurkunde« des Jom-kippur zu tun. Das »Darbenlassen der Lebensgeister« (S. R. Hirsch) ist eigentlich das »Herz« dieses Tages. Denn daß Israel an diesem Tag »aller Art Arbeit nicht machen« (Buber), »kein Werk tun« (Luther) soll (16,29), gehört zu *jedem* Schabbat, nicht zu diesem allein. Und daß mit den Einheimischen Israels auch seine »Fremdlinge« und »Gastsassen« diesen Tag werkfrei zubringen sollen, ist schabbat-üblich. »Dieser« Tag unterscheidet sich von jenen anderen Ruhetagen nur darin, daß er eben »dieser« ist, an dem »man« »bedeckt... über euch, euch zu reinigen: von allen euren Sünden vor IHM werdet ihr rein« (16,13). Es gibt Deutungen, die hier vom passivum divinum sprechen: Das »man« umschreibt ihn, Gott; an diesem Tag reinigt ER Israel von allen seinen Sünden. Doch läßt die kosmische Zeichnung dieses Tages, von der wir sprachen, auch den durchaus jüdischen Sinn zu: Die Gabe dieses Tages *als solche* ist Gabe der Versöhnung; daß er zu je der ihm gefügten Zeit über Israel kommt, das macht »alles neu« und läßt ein »Altes vergehen«. Israel vermag eine Versöhnungs- und Sühnungskraft zu denken, die diesem Tag eigen ist, weil es jener ist, an dem Gott eure Versöhnung »geschehen« läßt (Luther: 16,29). An Israel ist es, diesen Tag zu leben: »Feiern, Feiern ists euch« (16,31: Schabbat schabbaton hi la'chem).

»Aber«, fährt S. R. Hirsch jetzt in seiner Übersetzung mit V 32f, »auch«der Priester bekommt etwas zu »bedecken« und als »Sühne zu vollziehen« oder, mit Luther, »solche Versöhnung (zu) tun«. *Auch* der Priester - das steht so nicht im Text, ist aber sinngemäß zutreffend. Denn was der Priester zu tun bekommt, ist ein *Zweites* neben dem, was »Herz« und Sinn dieses Tages ausmacht: dem »Darben der Lebensgeister« eines jeden Einzelnen, der zur Israel-Gemeinde gehört und seine Seele vor Gott beugt in dem Eingeständnis, sich am Gesetz verfehlt zu haben und so schuldig zu sein an *Gott*. (Zwischenmenschliche Schuld ist von uns selbst zu bereinigen - mit Jesus: *ehe* wir zum Altar treten: Mt 5,23f; vgl. nur z. B. Lev 6,2-5). Am Jom kippur geht es nur um Sünde *an Gott* und seinen Weisungen; die Sühne- und Vergebungsgabe »dieses«Tages ist das Zurücknehmen jedes Menschenstolzes vor Gott.

Der Priester aber ist der Repräsentant »des Ganzen«, jedes Einzelnen des Volkes in ihrer Gesamtheit. Was er tut, dient nicht der Reinigung »der Seele«, ist nicht pro me getan, sondern pro *nobis*. Sein Tun dient der Sühne, Vergebung und Rechtfertigung *des Volkes* vor Gott.

Daher die genaueste, institutionell vorgegebene und verbindliche Weisung von v. 32: Für den Priesterdienst »dieses«

Tages kommt nur der *Hohe* Priester infrage, der in der Genealogie Aarons Gesalbte, ausdrücklich dafür Eingesetzte (»die Hand füllen« ist technischer Begriff für so etwas wie eine Verbeamtung) und rituell Eingekleidete (Investitur). Diese Merkmale zeichnen ihn nicht als privaten Menschen, sondern eben als Repräsentanten des Ganzen. - Diese Repräsentanz bestimmt nun auch seinen Dienst an diesem Tag. Er soll »bedecken«, »versöhnen«: 1. »das Heiligtum«, genauer (ät mikdasch ha kodesch): »das Heiligende des Heiligtums« (Buber); 2. »die Hütte des Stifts« (ohel moed), das »Zelt der Begegnung«; den Altar, »die Statt« (Schlachtstatt); 4. dann soll er die Priester »versöhnen«; und dann, all das zusammenfassend, 5. »alles Volk der Gemeinde«, »Volk des Gesamts« (kol am ha kahal: Buber). Er soll also ebenso »Dinge! wie »Menschen« »versöhnen« - auch insofern das materielle und personale »Ganze«. Das ist seine Aufgabe.

So wenig uns gesagt wurde, in welchen Formen das »Darben der Lebensgeister« der Einzelnen sich zeigen soll, so wenig wird hier gesagt, was der Hohepriester eigentlich tut, wenn er die zentralen »Dinge« des Heiligtums und die »Menschen« (Priester und Volk) des »Gesamts« »versöhnt«, »bedeckt«. Darüber erfahren wir alles Nötige aus dem großen Kontext des Buches Leviticus und seiner Opferordnungen. »Bedeckt« wird das »Gesamt« mit Blut von Tieren, mit dem das Heiligende des Heiligtums, das Zelt der Begegnung und der Altar, die Priester und das ganze Volk »besprengt« werden, in genau abgezirkelter ritueller Ordnung. Wir können und brauchen das jetzt nicht im komplizierten Einzelnen zu erörtern. Fürs Predigen sollten wir allerdings wissen, daß Blut nur deswegen der »ganz besondere Saft« ist, weil er nach biblischem Verständnis der Sitz des Lebens ist (Lev 17,11). Der Hohepriester dient also mit dem Blut nicht dem *Tod* als Symbol menschlicher Todeswürdigkeit, Todesschuldigkeit vor Gott, er dient dem Leben, indem er - mit dem Lebensträger Blut - die Lebensbrücke zwischen dem seine Lebensgeister darben lassenden Volk und den »Orten« der Gegenwart des lebendigen Gottes im Tempel wieder herstellt, besser: sinnenfällig werden läßt. Jom-kippur ist - vom Jüdischen ins »Christliche« hinübergedacht - ein Oster- und Lebenstag, bei aller Zerknirschung und Sündenerkenntnis der jüdischen Gemeinden an diesem Tag, und, auch wenn da Blut fließt, kein »Karfreitag«.

Und auch das wollen wir für das Folgende noch einmal festhalten:

Der Einzelne erfährt Versöhnung und Rechtfertigung von Gott in seinem Beten, Sich-Erkennen und -Bekennen vor Gott. Blut fließt nicht für die Seele, sondern fürs »Gesamt«, fürs Volk vor Gott. Für den Sinn des Todes Jesu ist das im Voraus zu bedenken: Auch sein Blut wird vergossen fürs »Gesamt«, peri pollon, für viele (Mt 26,28), nicht nur »für euch«, den kleineren Kreis der ihm Nahen.

Damit kommen wir zu Fragen einer *christlichen Aufnahme* dieses Jom-kippur-Textes. - Von einer *Heils*bedeutung des Todes Jesu haben die Christen der ersten Generationen fast nur mit Hilfe der Sprache und ihrer Erfahrungen des Jom-kippur-Tages sprechen können. Daß Jesu Tod uns Vergebung der Sünde und Versöhnung mit Gott bewirkt, - daß an diesem Tod speziell das Blut des Getöteten eine Rolle spielt (Leib »und Blut« im Herrenmahl symbolisiert), - daß Jesus uns von Gott als »Gnadenstuhl«, »Deckplatte«, kipporet, und so als das »Heiligende des Heiligtums« »hin gestellt« worden ist (Rm 3,25),- daß wir durch Jesu Blut »gerecht geworden« (Rm 5,9), »erlöst« worden sind (Eph 1,7), - zur »Besprengung mit dem Blut Jesu Christi« von lange her vorgesehen waren (1. Petr 1,2), - daß Jesus »mein« Blut, statt des Tierblutes als neue Lebensbrücke des »neuen« Testamentes vergießt (Mt 26,28),- daß Hebr 9 das ganze Jom-kippur-Geschehen mit Hohepriester, Heiligtum, Hütte, Jahrtag, Tierblut und allen Begehungen als *Horizont* für die Heilsbedeutung des Todes Jesu offenlegt, zeigt dies zur Genüge. Am Tod Jesu als solchem war ja seine Bedeutung nicht abzulesen. Das Kerygma, die Verkündigung, hat sie erst entdecken und aussprechen müssen. Sie aber »entdeckte« am Jom-kippur-Geschehen, was die Sprachlosigkeit über einen ohne das *fraglichen* Sinn des Todes Jesu beheben konnte.

Heute scheint mir an der Zeit, diese Beziehung nicht nur als »Sprachereignis«, Jom-kippur also nicht nur als Lieferanten brauchbarer religiöser »Vorstellungen«, z. B. irgendeiner »Opferterminologie« für eine »Deutung« des Todes Jesu aufzufassen. Für einen »heilsgeschichtlichen Sinn« des Todes Jesu genügen historisch-philologische Ableitungen wirklich nicht. »Heilsgeschichtlich« wäre nur die Fundierung dieses Todes in eben einer solchen, ja in eben *der* Ordnung eines »ewigen Rechts«, in der Gott den Jom-kippur zu einer »Weltzeit-Satzung«, einer chukat olam, gemacht, Israel gegeben hat und Israel bis zum heutigen Tag feiern läßt. Der Tod Jesu ist nach christlichem Verständnis ja auch kein Ereignis der Vergangenheit; gerade in der Sinn-Dimension des »Opfers« wirkt er »ein für alle mal« (1. Petr 3,18; Hebr 9,28), quer durch die Bewegungen der olamim, Weltzeit, hindurch. Eben Zeichen dieser Ewigkeits-Satzung ist, daß Israel diesen Tag »in der siebenten Mondneuung, am Zehnten auf die Neuung« tatsächlich »feiert, feiert« und seine Lebensgeister dabei darben läßt. Christliches Sprechen vom Tode Jesu hat seinen Grund nicht in diesem selbst, sondern im »Feiern, Feiern« Israels: seinem Schabbat schabbaton. Der jüdische Jom-kippur ist der Gegenwarts-Grund (kein Vergangenheitsgrund) für »unsere« Verkündigung des »Heils« im Tode Jesu, also: der »Bedeckung«, »Versöhnung« von unser aller Sünde durch Gott. Darum wiederholt das »Herz« des Jom-kippur-Tages, das »Darben der Lebensgeister« sich nicht *nur* im Tode Jesu und seinem Blut, sondern auch im »Gebet und Flehen, im starken Geschrei und den Tränen«, die er »geopfert hat zu dem, der ihm vom Tode konnte aushelfen«; und er *ist* auch - eben wie die Israel-Gemeinde an »diesem« Tag - »erhört worden, darum, daß er Gott in Ehren hatte« (Hebr 5,7), und d. h. darum, daß er von vornherein von Gott wußte, daß bei ihm »viel Vergebung ist« (Jes 55,7; Ps 130,4). Dieses Wissen um Gott ist Grund dafür, daß es im jüdischen Gottesdienst keinen *Zuspruch* der Vergebung der Sünden gibt, auch nicht an »diesem« Tag. Keiner, der dazu die Vollmacht hätte, weil - Mk 2,8 - »niemand Sünden vergeben kann als Gott allein«. Jesus hat daran etwas verändert, aber die jüdische Heilslogik damit nicht umgeworfen: Vor Gott ist Israel *frei*, seine Lebensgeister darben zu lassen, weil in diesem Gott *von vornherein* »viel Vergebung ist«. Vergebung geht der Erkenntnis und dem Bekenntnis der Sünde voran. Jesus: »Wenn ich nicht gekommen wäre..., so hätten sie keine Sünde« (Joh 15,22).

Ein Letztes. Die am Jom-kippur zu bekennende Sünde des Volkes vor Gott ist - nach den Weisungen zum Sündopfer (chattat) , das mit Blut sühnt - vor allem solche der »verborgenen« Fehle, die man »unwissentlich« begeht (z. B. Lev 4,2.22.27), mit der auch »die ganze Gemeinde Israel sich vergehen« kann, »ohne daß die Gemeinde dessen gewahr wird« (4,13). Mögen beim »Darben der Lebensgeister« die Einzelnen sich die vielen Verstöße gegen die Weisungen der Tore zu Herzen gehen lassen - für das blutige Tun des Hohenpriesters gibt es keine Kasuistik der Sünden; hier geht es um das Unbewußte und die Tiefe der Sünde der Gesamtheit des Volkes -. wir dürfen vielleicht heute sagen: um das Gesellschaftlich-Strukturelle von Sünde. In der neutestamentlichen Verkündigung vom Tode Jesu taucht eben dies Motiv wieder auf in der Rede von der Vergebung der Sünde, »welche bisher geblieben war unter göttlicher Geduld«, der Zeit, ehe »Glaube an Jesum« möglich wurde (Rm 3,26), - in der Bestimmung von »Zeiten der Unwissenheit«, über die Gott nun aber hinweggesehen hat, um jetzt den Menschen zu verkündigen, daß sie »alle überall« Buße tun sollen (Apg 17,30). Sowohl für den Zeugen des Epheserbriefes wie den des l. Petrusbriefes sind das die Zeiten der Völkerwelt *vor* Christus (Eph 4,18; l. Petr 1,4 und 2,15). Das mit dem blutigen Sündopfer verbundene Motiv der »unwissentlichen« Verfehlung an Gottes Weisung und damit an ihm selbst ist hier übertragen auf die Situation der Gojim vor dem Kommen Christi und zeigt, wie der Öffentlichkeitscharakter des hohepriesterlichen Tuns am Jom-kippur-Tag auf die theologisch-entscheidende Öffentlichkeit der Völkersituation übertragen und mit Tod und Blut Jesu verbunden worden ist. Der Tod Jesu, aus dem priesterlichen Tun des Jom-kippur begriffen, schenkt nun nicht nur den direkten »Gastsassen« des jüdischen Volkes, sondern »allen überall«, den Menschen schlechthin (Apg 17,30, Luther: »allen Menschen, an allen Enden«) eine Teilhabe an der Weltzeit-Satzung des Jom-kippur, an Sühne und Versöhnung: an auch ihrer Rechtfertigung vor Gott. Der Tod Jesu »für Viele« (Mt 26,28) entspringt der Auslegung des Jom-kippur speziell für die Völkerwelt. *Darum* wurde Jesus im Hebräerbrief nicht nur als das Opfer, sondern auch als Ho-

herpriester und der das »Gesamt« repräsentierende Amt-
mann »dieses« Tages verkündigt. Die Jom-kippur-, also die
»Heilsbedeutung« des Todes Jesu ist wesentlich Gabe an die
Gojim, ihre Lebensbrücke zum Gott Israels. Die Männer
des *jüdischen* Volkes stehen an »diesem« Tag im eigenen
Totenhemd vor Gott - wir Völkermenschen im Eingeden-
ken des Todes Jesu, des Einen aus diesem Volk, der uns
mit seinem Lebensblut »bedeckt«. Grund genug für uns, der
Jom-kippur-Gemeinde zu gedenken und zu danken, wenn
wir dies und jenes »tun zu seinem, Jesu, Gedächtnis«.

2. Sonntag nach Trinitatis: Leviticus 19,1-18

BRIGITTE ANDRAE

»Und der Herr redete mit Mose und sprach: Rede mit der
ganzen Gemeinde der Israeliten und sprich zu ihnen: Ihr
sollt heilig sein, denn ich bin heilig, der HERR, euer Gott.«
   Was folgt, ist eine Aneinanderreihung völlig unterschiedlicher Forderungen, gerichtet an unterschiedliche Adressa-
ten. Zumeist wird die Allgemeinheit angesprochen, gelegentlich aber auch eine spezielle Personengruppe. In der
Gemeinde der Israeliten sind dies die Nomaden, die sich
ausschließlich der Viehzucht widmen (V 5), und die bereits
sesshaft gewordenen Acker- und Weinbauern (V 9 und 10),
V 15 wendet sich an Einen, der Recht spricht.
   Aber auch der sprachliche Stil und der sachliche Inhalt
lassen erkennen, dass es sich bei Leviticus 19 um ursprünglich nicht zusammengehörige Teile, sondern um
eine Sammlung von Gesetzen und Vorschriften handelt.
Man ordnet die Sammlung verschiedenster, schriftlicher
und mündlicher Überlieferungen hauptsächlich der sogenannten »priesterlichen Quelle« zu, die erst in der Zeit nach

dem Zerfall des Großreiches Israel und dem zwangsweisen babylonischen Exil der Elite des Volkes (ca. 550 v. Chr.) entstand.

Bei aller Unterschiedlichkeit der Anreden und Inhalte fällt zugleich auf, dass diese unter einem Thema zusammengefasst worden sind: »Ihr sollt heilig sein, denn ich bin heilig, der HERR, euer Gott« (V 2) und »Du sollst deinen Nächsten lieben wie dich selbst, ich bin der Herr.« (V 18). Gewissermaßen wie eine Klammer sind diese Verse an den Anfang und den Schluss des Textabschnittes gestellt.

»Heilig« - in Meyers Kleinem Lexikon vom VEB Bibliographischen Institut Leipzig, 1968, habe ich vergeblich nach einer Erläuterung des Begriffs gesucht. Das Evangelische Kirchenlexikon, Göttingen, 1958, hilft da schon weiter: »Heilig« - religionsgeschichtlich die überlegene, andersartige, nicht persönlich gedachte Macht, die dem Menschen unerwartet begegnet und zum Staunen zwingt. Im Alten Testament ist Gott das Subjekt der Heiligkeit (»Jahwe ist Herr (Ex. 20,2), ist persönliche, schaffende, schenkende wie gebietende, fordernde Macht.« a.a.O. S. 79). Im Neuen Testament dagegen wird »Heilig« sehr selten auf Gott angewandt, »Heilig ist, was Gott für sich in Anspruch nimmt.« (a.a.O. S. 79).

»Heilig« - die Aufklärung hat diesen Begriff eliminiert. Der scheinbar freie Mensch gestaltet allein aus der Vernunft heraus sein ganzes Leben. Der »moderne« Mensch, so scheint es, ist dem verpflichtet und doch macht er die Erfahrung, dass fremde Mächte über ihn Gewalt gewinnen, er Zwängen unterworfen ist. Die Frage »Was ist mir heilig, was hat die Macht über mich, was ist es, das mein Leben gestaltet?« (Luther: »Wo dein Herz ist, da ist dein Gott.«) gewinnt so plötzlich ungeheure Aktualität sowohl für den Einzelnen als auch für die Gesellschaft.

Vor diesem Hintergrund bekommen zugleich die in Lev. 19 enthaltenen Gebote hohe Aktualität und gesellschaftliche Relevanz. Stets geht es dabei um Beziehungen: die Beziehung des Menschen zu Gott (V 3b.4-8), der erwachsenen Kinder zu ihren alten Eltern (V 3a), des Besitzenden zu dem Besitzlosen (V 9 u. 10), des Einheimischen zu dem Fremden (V 10), des Arbeitgebers zu seinem Arbeitnehmer

(V 13 b), des Nichtbehinderten zu dem Behinderten (V 14), des Richters zu denen, über die er Recht spricht (V 15). Vor allem aber geht es um die rechte Beziehung zu Gott und zu dem Mitmenschen, unserem Nächsten. In einer solchen Beziehung kommen beide Seiten zu ihrem Recht, wird dem Menschen gelingendes Leben überhaupt erst ermöglicht.

Wird der Andere, der Nächste, nicht als ebenbürtig, als mit gleichem Lebensrecht ausgestattet, eben als von Gott gleichermaßen geliebtes Wesen anerkannt (»Du sollst deinen Nächsten lieben wie dich selbst...« - V 18), fällt es auf den Menschen selbst zurück, er muss »seine Schuld tragen« (V 8 und 17). Sein Leben wird ihm nicht gelingen, er wird keinen inneren Frieden, keine rechte Freude, keine Liebe finden - so könnte man vielleicht übersetzen.

Gelingt dagegen die rechte Beziehung zu Gott und dem Nächsten, wird er nicht nur Gott, sondern auch dem Menschen entsprechen (»... dass es euch wohlgefällig macht« - V 5). In den zehn Geboten, die ja Parallelen zu Lev. 19 aufweisen, klingt dies bereits an: »Denn ich der Herr, dein Gott, bin ein eifernder Gott, der die Missetat der Väter heimsucht bis ins dritte und vierte Glied an den Kindern derer, die mich hassen, aber Barmherzigkeit erweist an vielen Tausenden, die mich lieben und meine Gebote halten.« (Ex 20,5 und 6). In den Seligpreisungen der Bergpredigt wird dieser Gedanke wieder aufgenommen.

»Ihr sollt heilig sein, denn ich bin heilig, der HERR, euer Gott« - Gottes Zusage ist zugleich Anspruch an sein Volk und jeden Einzelnen. Dabei erhebt Gott Anspruch auf das ganze Leben eines jeden Menschen. »Ich bin der Herr, euer Gott« wird allein achtmal im Text erwähnt.

Gottes uneigennützige und grenzenlose Liebe ermutigt und befähigt uns zugleich zur rechten Beziehung zu unserem Nächsten: »Ihr soll heilig sein, denn ich bin heilig, der HERR, euer Gott.«

3. Sonntag nach Trinitatis Leviticus 19,30-37

JÖRG UHLE-WETTLER

HEIDENLAND. Unser Land wird durchzogen von Heiden. Die Heide auf der Insel Hiddensee. Die Lüneburger Heide. Die Dübener Heide...

In letzterer ist die kirchliche Arbeit besonders herausfordernd, weil sich 80% der Bevölkerung ganz unbefangen als Heiden verhalten. Sie haben natürlich an den kirchlichen Feiertagen auch frei und haben ihren Heidenspaß.

«Herr Pfarrer, ich glaube nicht an Gott« sagen viele - mit einem gewissen Stolz in der Stimme auf das Erreichte. Unsicher werden sie dann meist, wenn ich antworte:«Müssen Sie auch nicht. Es reicht, wenn ER an Sie glaubt!«

Bei den Nachdenklicheren wirkt Bonhoeffer, der 1944 mit seinem Gedicht: »Christen und Heiden« eine kopernikanische Wende in der Theologie bewirkt hat.

Leider ist auch dieses Gedicht zu einem »vergessenen Text« geworden.

Mit dem Feiertage halten (V 30) tun sich die Menschen hier schwer. Die Arbeit und die Ablenkungsmechanismen der Spaßgesellschaft tragen dazu bei, dass »Ehrfurcht« ein Fremdwort zu sein scheint und Stille als Bedrohung empfunden wird.

Statt am Feiertag die Zeit zu nutzen, zum Aufladen - ruft das Volk : Laden auf.

Es gilt nicht »Feiertag im Heiligtum«, sondern »freier Tag und eilig tun«.

Wenn man mal absichtslos fragt, welche Gebote noch bekannt sind, sagen die Eltern:

Na, dass die Kinder uns ehren sollen.

BRINGEN SIE DEN KINDERN VOR ALLEM DIESES GEBOT BEI. Ein Standardsatz. Dabei brauchen wir das gar nicht. Glücklicherweise leben wir in Zeiten, in denen es normal geworden ist, dass Großeltern ihre Enkel noch sehen. Und umgekehrt. Unsere Kinder sehen am Umgang der Eltern mit ihren altgewordenen Eltern - wie »die Alten« zu ehren sind. Unübertrefflich ist in diesem Zusammenhang eine Parabel, die Tolstoi erzählt:

Drei Generationen leben zusammen. Irgendwann halten es die Eltern nicht mehr aus, dass der Großvater beim Essen ständig sabbert und den Teller nicht mehr halten kann.

Sie geben ihm eine große Holzschüssel und verbannen ihn zum Essen hinter den Ofen.

Eines Tages beobachten sie, wie ihr Junge im Garten schnitzt. Überrascht über die neue Begabung, die aufbricht, fragen sie ihn, was er macht. Die Antwort kommt prompt: Schüsseln für Euch - später einmal. Von da an saß der Großvater wieder am Tisch. Wir lernen durch das Beobachten!

FREMDHEIT UND SORGE LASSEN SICH IN EINEM ZUG BETRACHTEN. Die Verse, die den Fremdling (Buber: Gastsasse) und sein Bleiberecht beschreiben stehen diametral zur Ideologie »Das Boot ist voll«, die mit den Ängsten der Menschen spielt und niedere Instinkte anspricht.

Niemand hat in dieser Welt ein Bleiberecht.

»Denn wer sicher wohnt vergisst, dass er auf dem Weg noch ist.« (EG 428/4)

Verdrängt wird, dass wir keine bleibende Stadt haben und vergessen ist, das auch wir Fremdlinge gewesen sind.

Ein Zug fährt am Wochenende von Leipzig nach Stuttgart. In Erfurt sind die Abteile gut belegt, und auf dem Bahnsteig stehen viele Reisende. Der Adrenalinspiegel steigt... Im Zug hoffen die Reisenden, dass es im Abteil nicht zu eng wird. Auf dem Bahnsteig macht sich eine Hoffnung breit:

Ist hier noch frei? (Man weiß, dass man stört)

Jaa. (Wunderbar!)

Nur wenige Minuten später, wenn der Zug in den Eisenacher Bahnhof einfährt, haben die Erfurter vergessen, wie es ihnen auf dem Bahnsteig in Erfurt ging. Jetzt hoffen sie mit den Leipzigern und Weißenfelsern gemeinsam, dass kein Eisenacher mehr ins Abteil kommt. In Bebra wird es auch nicht anders. Da hoffen die Eisenacher mit den Erfurtern, den Weißenfelsern und den Leipzigern...

Wir vergessen die peinlichen Momente, in denen wir als Eindringlinge betrachtet werden. Einen Platz, wie wir ihn haben, gestehen wir Anderen nur zögerlich zu.

ICH BIN DER HERR. Sechsmal steht dieser Hinweis im Text. Damit der Mensch da nicht irgend etwas verwechselt. Damit er nicht maß-los wird, wird er erinnert an rechtes Maß, rechtes Gewicht und rechte Waage. Belsazar gefror in Babylon das Blut in den Adern (vgl. Daniel 5).

Bei all unserem Abwägen und Gewichten. Bei allem Scheffeln und Ermessen ist das Ende unserer Geschichte noch offen. Vielleicht werden wir uns eines Tages wundern, ob unserer Prioritäten.

Auf der Waage bleibt es vage. Wie im Himmel so auch in den Heiden.

4. Sonntag nach Trinitatis: Lev. 23,1-7; 27.28.34.40-43

WOLF-JÜRGEN GRABNER

Feste gibt es allerorten. Das war schon immer so. Menschen brauchten und brauchen feste Zeiten und Rhythmen, den Wechsel zwischen Anspannung und Entspannung. Eine Binsenweisheit! Oder doch nicht?

Im Buch Leviticus finden wir im 23. Kapitel genaue Hinweise für Fest- und Fastenzeiten. Auch konkrete Ausführungsbestimmungen werden gleich mitgeliefert. Sogar der Sabbat wird ausdrücklich erwähnt, obwohl doch das dritte (vierte) Gebot des Dekaloges als bekannt vorausgesetzt werden kann. Erinnerung, Vertiefung oder Mahnung? Für uns sind das zunächst Gesetze aus einer alten Zeit mit einem ganz anderen Hintergrund. Und doch noch aktuell!

Obwohl wir in einem Land leben, in dem es soviel Urlaub und Freizeit gibt, wie nie zuvor und sonst nirgends auf der Welt. Obwohl wir in unserer Erlebnisgesellschaft von einem Event zur nächsten Party jagen (können). Unzählige Fernsehprogramme bieten Unterhaltungsmöglichkeiten und die Teilhabe an mehr oder minder wichtigen Ereignissen rund um den Globus. Feste und Feiern schaffen wir uns selbst und brauchen dafür weder Anleitungen noch Vorschriften; ein Beispiel ist die Love-Parade!

Und gerade deshalb sind die alten Hinweise der Torah aktuell; nicht dem Buchstaben, aber dem Inhalt nach. Denn die dort genannten Feste sind »Feste des Herrn, heilige Versammlungen«. Ein gravierender Unterschied zu dem, was die Fest-(un-)Kultur unserer Tage hervorgebracht hat und hervorbringt. Die hier genannten Feste und Feiern sollten nicht kommerziell aufgezogen oder zum Selbstzweck durchgeführt werden. Sie hatten und haben eine klare Beziehung zu Gottes Handeln und gleichfalls zum Wohl des ganzen Volkes. Das Verhalten sowohl des Einzelnen als auch der Gemeinschaft wird hineingestellt in die Erfahrung, daß letztlich alles, was wir sind und haben, auf Gott zurückzuführen ist. Deshalb gebührt der Dank Gott und seinen Taten, deshalb sollen wir uns solidarisch andern Menschen gegenüber verhalten, deshalb sollen wir zur Versöhnung bereit sein, deshalb schlägt sich die Ehrfurcht vor aller Kreatur in der Beachtung des Naturjahres nieder. Und um dies im Bewußtsein zu halten bzw. wieder neu darüber nachzudenken brauchen wir Festzeiten und Zeitpunkte an denen wir innehalten. Das alles sollen wir mit Blick auf Gott feiern.

Auch unsere christlichen Feste haben genau diese Anbindung an das Handeln Gottes. Doch vielerorts wird beim Begehen und Feiern dieser Feste davon nicht mehr viel spürbar. Weihnachten ist kommerzialisiert, Himmelfahrt popularisiert und die eigentliche Bedeutung anderer christlicher oder kirchlicher Feste ist schlichtweg unbekannt. Die freien Tage werden gerne genommen, allerdings tut die Mehrheit der Bevölkerung in dieser Zeit nichts, was etwas mit dem Fest zu tun hätte. Hier sind wir als Kirche gefragt. »Ohne Sonntag gäbe es nur noch Werktage.« Diese Kampagne der evangelischen Kirche hat die Diskussion um das Ladenschlußgesetz und den Artikel unserer Verfassung, der

Sonn- und Feiertage ausdrücklich schützt, zumindest erst einmal zurückgedrängt.

Die Kirchen und Christen als Anwälte von Festen und Feiern? Ja, und zwar im Sinn der biblischen Weisung. Und in diesem Licht bekommt Fest- und Freizeit ein deutlich anderes Gepräge als in Mitteleuropa im Dritten nachchristlichen Jahrtausend. Nachchristlich scheint nicht nur chronologisch zu gelten, sondern auch in Bezug auf die Inhalte. Wenn den wirtschaftlichen Interessen alles andere untergeordnet wird, müssen wir uns als Kirchen und Gemeinden fragen, was wir von dem eigentlichen Auftrag und Willen Gottes noch vermitteln können. Wir haben als Christen so viele Möglichkeiten wie nie zuvor, um die gute Nachricht weiterzusagen und auf Gott hinzuweisen. Doch diese Möglichkeiten müssen wir auch nutzen, um die Bedeutung und Hintergründe unserer eigenen christlichen Feste den Menschen innerhalb und außerhalb der Kirche nahezubringen.

Doch auch unsere eigne Fest- und Feierpraxis sollten wir kritisch hinterfragen. Weder Action und Event noch lebensferne Rituale sind beim Feiern des sonntäglichen Gottesdienstes gefragt. Wir dürfen unsere Gottesdienste fröhlich feiern, damit die Menschen erfahren: das sind heilige Versammlungen, die sich sowohl vom Alltag unterscheiden als auch sich auf ihn beziehen. Wenn wir miteinander feiern, erinnern wir uns daran, wie Gott befreiend unter den Menschen gewirkt hat. Weil wir darauf vertrauen, das das auch heute geschieht, können wir seine Feste feiern!

5. Sonntag nach Trinitatis: Leviticus 25,1-7.19-23

KARL-ADOLF BAUER

Ein Palast in der Zeit - so hat Abraham J. Heschel den Sabbat genannt (Der Sabbat. Seine Bedeutung für den heutigen Menschen. Information Judentum 10. Neukirchen

1990,11). Wer diesen Palast betreten will, der »muss zuerst den Lärm profaner Geschäfte, das Joch der Plackerei hinter sich lassen... Er muss der Arbeit seiner Hände Lebewohl sagen und verstehen lernen, dass die Welt bereits erschaffen ist und ohne die Hilfe des Menschen weiterleben wird.« (ebd.) In diesem Abschnitt der Torah erfährt der »Palast in der Zeit« eine Erweiterung. Die Ruhe des Sabbattages wird auf das Land ausgedehnt. Sobald Israel in das verheißene Landes gekommen sein wird, gilt ihm die Weisung: In jedem siebten Jahr »feiere das Land eine Feier IHM« (V 2b nach Martin Buber): das Sabbatjahr. Also nicht nur Israel, nein: auch das Land, das Israel als Gabe von IHM empfangen hat, soll IHM einen Sabbat halten!

Das Land kann freilich seinen Sabbat nur feiern, wenn Israels Bauern ihm seinen Sabbat gewähren und ihn ihrerseits respektieren! *Wie* das geschehen kann, wird in den V 3-7 entfaltet: das der Gemeinde Israels insgesamt Gesagte wird darin in persönlicher Anrede jedem einzelnen Glied in dieser Gemeinschaft appliziert. Kurz gesagt: das Sabbatjahr des Landes soll als *Brachjahr* gehalten werden. In jedem siebten Jahr sollen Israels Bauern weder säen noch ernten noch die Reben im Weinberg beschneiden. Alle Feldarbeit ruht. Die Äcker und Gärten werden sich selbst überlassen. Das Land feiert. Für die Bauern wird dieses Sabbatjahr zu einem Feierjahr, auf das sie sich freuen können. Während dieses siebten Jahres sollen alle - Bauern, Sklaven, Lohnarbeiter, Pächter, aber auch Arme (Exodus 23,10), Vieh und Wild - von dem essen, was der Boden gleichsam »von selbst« (Markus 4,28) an Pflanzen und Früchten hervorbringt. Wie der nicht leicht zu deutende V 5 wohl zu verstehen gibt, sollen die Bauern freilich diesem Sabbatjahr nicht dadurch zuvorkommen, dass sie nach der Ernte im sechsten Jahr Nachlese halten. Das würde nicht nur Deuteronomium 24,19-22 und dem dort eigens den Fremden, Waisen und Witwen zugesprochenen Recht zur Nachlese widersprechen, sondern doch auch dem Misstrauen entspringen, als werde ER im Sabbatjahr nicht für Israel zu sorgen wissen!

Diese Sorge um den Lebensunterhalt im siebten Jahr geht offenbar in Israel um und meldet sich zu Wort: »Was sollen wir essen im siebten Jahr?« (V 20a). Denn wer nicht sät, der kann bekanntlich auch nichts ernten! Der Verweis auf das, was das Land während der Brache sozusagen als »Wildwuchs« tragen wird (V 6), vermag diese Sorge offenbar noch nicht zu zerstreuen. Doch ER tritt ihr nicht nur mit der Zusage entgegen, das Land werde Früchte genug für alle bringen (V 19). Hat Israel denn nicht SEINE Fürsorge als Schöpfer und Befreier beim Zug durch die Wüste erfahren - bis dahin dass es am Sabbattag dank SEINER Vorsorge die doppelte Ration an Manna (Ex 16) empfangen hat? So will ER - dem Sabbatjahr mit seiner Güte zuvorkommend - in jedem sechsten Jahr SEINEN Segen über Israel kommen lassen und ihnen den Ernteertrag verdreifachen. Von diesem Erntesegen kann Israel gelassen im siebten und achten Jahr bis zur (Frühjahrs-?) Ernte im neunten Jahr leben (V 21f). Mag sein, dass Josephs Beispiel einer klugen Vorratswirtschaft (Genesis 41,47-57) im Hintergrund dieser Sätze steht und in diesem Text »mitspricht«. Wie auch immer: was sich zunächst als »Gesetz« anhört, erweist sich beim »Ein-Hören« als eine einzige Provokation des Glaubens!

Wie der Sabbat*tag* in 23,3 wird auch das Sabbat*jahr* in V 4 mit dem gesteigerten Ausdruck feierlich als *sabbat sabbaton* bezeichnet. Es muss auffallen, dass das Sabbatjahr - so wenig wie der Sabbattag! - als Mittel zum Zweck begründet wird. In einer Welt, in der alles der Logik der instrumentellen Vernunft entsprechend einem einsichtigen Zweck dienen und möglichst einen gesellschaftlichen Nutzen zu seiner Rechtfertigung nachweisen muss, liegt es ja nur allzu nahe, agrarökologische und ökonomische Motive zur Begründung dieses Brachjahres geltend zu machen. Dass die Brache den Boden vor Übernutzung schützt und so die Ertragskraft stärkt und auf diese Weise zu höheren Erträgen führt, ist bekannt. Dank dieser Erkenntnis soll die israelitische Landwirtschaft (folgt man der gelehrten Literatur) die wohl »effektivste« der antiken Welt gewesen sein, während die römisch-hellenistische Landwirtschaft stagnierte. Das klänge noch überzeugender, wenn es sich um eine normale Brache handelte, bei der ein bestimmtes Feld nicht bestellt wird, während die anderen Felder bebaut werden und den für die Ernährung notwendigen Ertrag erbringen. Der alte Text setzt aber ein *einheitliches* Sabbatjahr für das *ganze* Land und *alle* Felder voraus! Das macht eine zweckrationale Begründung des Sabbatjahres erst recht zum Problem. Doch die Bestimmungen aus dem Heiligkeitsgesetz (falls es ein solches Gebilde gegeben hat!?) zeigen sich sichtlich an einer *solchen* Begründung gar nicht erst interessiert. Die Prägung *»Sabbat für den Herrn«* (V 2 und 4) gibt zu erkennen, dass - wie der Sabbat*tag* - so auch das Sabbat*jahr* nur von IHM her verstanden werden kann. ER ist der Eigentümer des Landes. Diese Beziehung zwischen dem Land und IHM als seinem Herrn und Eigentümer soll in jedem siebten Jahr wiederhergestellt werden, ohne dass die Menschen, denen ER das Land als Gabe und zur Pflege und zum Bebauen anvertraut hat, zwischen IHN und SEIN Land treten und dessen Ruhe stören können. Darum kann auch das Land nicht »für immer« (V 23) verkauft werden - denn das Land ist und bleibt IHM, während wir nur Gäste und Beisassen sind!

Wie aus Nehemia 10.32f zu ersehen ist, wurden Sabbattag und Sabbatjahr nach dem Exil zur Zeit Nehemias und Esras praktiziert. Alexander der Große hat den Juden anlässlich des Sabbatjahres gar einen Steuernachlass gewährt. In den Kriegen Israels unter den Makkabäern wurde die Erfahrung gemacht, dass die Einhaltung des Sabbatjahres die Verteidigung der belagerten Festung schwächen konnte, weil es nicht genügend Vorräte gab (1. Makkabäer 6,49-64). Bei Tacitus (Historiae V,4) findet sich der süffisante Kommentar: »Da das Nichtstun (den Juden) Freude macht, wird auch jedes siebte Jahr dem Müßiggang geweiht.« Diese Zeugnisse belegen je auf ihre Weise: Israel hat versucht, wie den Sabbattag so auch das Sabbatjahr zu halten Das Sabbatjahr war nicht einfach eine Utopie, die nirgends »verortet« gewesen wäre. Es hat in Israel sehr wohl Zeiten gegeben, in denen das Sabbatjahr seinen Ort gefunden und das gemeinsame Leben geprägt hat!

Sabbat und Sabbatjahr - beides gehört zum Glauben an IHN und zum Leben mit IHM. Wie die Torah überhaupt so stehen auch die Weisungen zum Sabbatjahr unter der Verheißung des Lebens (18,5) für alle, die sie hören und ihnen gehorchen. Sie sind eine *Einladung zum Leben*. Vier Aspekte geben diese Weisungen zu bedenken:

1. Wie der Sabbattag so relativiert auch das Sabbatjahr das Vertrauen in unsere Arbeit und attackiert den Aberglauben, wir vermöchten unser Leben selbst zu tragen und zu garantieren. Statt dessen gilt es zu erlernen, »*dass die Welt bereits erschaffen ist und ohne die Hilfe des Menschen weiterleben wird*«., wie Heschel formuliert hat. Das ist eine heilsame Zu-Mutung für den neuzeitlichen Menschen, der sich zutiefst als *Täter* versteht und - durch seine Taten versklavt - nur allzu leicht dem Wahn verfällt, alles machen zu können und zu müssen - bis dahin, dass er sich, dem Atlas gleichend, mit seiner Welt überlastet.

2. Das Sabbatjahr hält das Geschenk einer großen *Freiheit* bereit. Sowohl dem Boden als auch den Menschen, die von seinen Erträgen leben, werden in jedem siebten Jahr Ruhe und Freiheit gewährt. So wird dieses Jahr zum *Feierjahr für Land und Leute*. Entgegen dem geheimen Grundgesetz der Gesellschaft, die nach Profit und Gewinnmaximierung strebt, gilt es im Sabbatjahr, Schöpfung und Mensch Ruhe und Muße zu gewähren, auf Möglichkeiten der Steigerung des Reichtums zu verzichten, einen anderen Umgang mit der Schöpfung und dem Leben ansatzweise einzuüben.

3. Im Sabbatjahr wird klar: *Das Land und sein Ertrag sind* SEINE *Leihgabe*, nicht unser Besitz. Wir sind nicht »maitre et possesseur de la nature«, wie Rene Descartes verkündete. ER schenkt großzügig Land und Leben, aber: *auf Zeit*! Pflanzen und Tiere sind zwar unserer Pflege und Obhut anvertraut, aber haben schon durch ihr bloßes Dasein ein Recht vor Gott, das der Mensch zu achten und zu schützen hat! Gegenüber der Ausnutzung und Zerstörung der Schöpfung leuchtet hier eine Alternative auf, die zu lebensdienlichen Schritten - und seien sie auch klein! - einlädt.

4. Das Sabbatjahr stellt - wie vorläufig auch immer - die ursprünglichen Verhältnisse zwischen IHM, dem Schöpfer, und seiner Schöpfung wieder her. Darin weist jedes siebte Jahr über sich selbst hinaus auf den großen Sabbat, auf den die ganze Schöpfung ausgerichtet ist. So betrachtet er-

scheint das Sabbatjahr als *Vorspiel der messianischen Zeit.* In ihm wird unter den Bedingungen der geschöpflichen Zeit, etwas von der großen Ruhe *eingespielt,* die ER allen und allem zugedacht hat. Insofern ist das Sabbatjahr ein Zeichen der Hoffnung, die zu kleinen Zeichen der Hoffnung inspiriert. Wie es im einzelnen umzusetzen wäre, vermag heute wohl niemand zu sagen. Wörtlich genommen kann es für unsere Industriegesellschaft nicht in Frage kommen. Und doch: auch wenn ein solches Ruhejahr für alle gemeinsam utopisch erscheint, so lassen sich doch individuelle und/oder von Gruppen getragene Ansätze finden, die vielleicht »anzustecken« vermögen. In der angelsächsischen Welt kennt man das Modell des Sabbatjahres (»sabbatical«), für Hochschullehrer und -lehrerinnen, das inzwischen auch in Europa Entsprechungen gefunden hat: Durchbrechung eines Arbeitsablaufes zugunsten von mehr Ruhe und Muße, zur Einübung in die Freiheit vom Joch der Arbeit, als Vorgeschmack der Ruhe, die uns und allen von IHM zubestimmt ist. Wie auch immer: ein Zeichen, das Phantasie wecken und zu Hoffnungszeichen inspirieren will, mit denen unsererseits versucht wird, - sozusagen spielerisch - kleine Entsprechungen zum Sabbatjahr heute zu suchen. Wie unscheinbar solche Zeichen auch sein mögen - sie künden von der großen Ruhe, in der ER, der Schöpfer, mit seiner Schöpfung verbunden sein wird.

6. Sonntag nach Trinitatis: Leviticus 26,1-6

FRIEDRICH-WILHELM MARQUARDT

Die Verse 26,1-6 tragen nun den Gesichtspunkt nach, der in den Weisungen für die Ruhe des Landes im Schabbatjahr (Lev 25,1-7) noch nicht genannt worden war: seine Befreiung vom Druck der allerorten aufgerichteten Götzenbilder. Sie quälen nicht nur Gott, sondern auch sein Land: die elilim, die »Gottnichtse« (Buber) des Heidentums, die S. R. Hirsch deutet als dem Menschengedeihen feindlich gegenüberstehende, sein selbständiges Aufblühen »verneinende« Macht (z. St.): Geister, die *Israel* verneinen, - das »Schnitzgebild« von päsäl, - das »Standmal« (Buber), »Denkstein« (Hirsch): mazevah, der »Aufmerkstein« (Hirsch), »Schaustein« (Buber):. ävän maskit (Luther: »Malstein«). Inwiefern können die mit Gott auch das Land belasten? Einerseits als symbolische Konkurrenz heidnischer Gottheit zum Landeigner Gott. (Älteren schallt noch die schmachvolle Hitlerjugend-Phrase im Herzen: Nicht »Heute, da hört..«, sondern: »Heute *gehört uns* Deutschland und morgen die ganze Welt«.) Andererseits und vor allem: Der Phallus der Mazzeben inmitten der »Gottnichtse«, Denk- und Aufmerksteine, zwingt dem Boden des Landes eine nicht zu bremsende Produktivkraft ab und auf, unerschöpfliche Fruchtbarkeit, den pausenlosen Baals-Zyklus der Trocken- und Regenzeiten, in denen er »stirbt« und »aufersteht«, und täuscht den Menschen eine Lebensnotwendigkeit des Natur-Zwangs vor, der sie selbst »niederzwingt« vor dessen Propaganda-Symbolen. Was sie von ihrem Gott erwarten dürften: »Regen zu seiner Zeit«,- daß »das Land sein Gewächs gibt«, - die »Bäume auf dem Felde ihre Früchte« (26,4), das vertrauen sie deswegen lieber den Wirtschaftsmächten der unerschöpflichen Naturkraft an, weil sie da sicher zu sein meinen vor wirtschaftlicher Baisse und frei von einem »personalen« Respekt vor dem Lande als »Dritten im Bunde«. Den allgemeinen Brauch einer Land-Brache schärft Gott hier als Frage ein, ob Israel »andere Gottheit mir ins Angesicht« setzen will, indem es sich »Schnitzgebild« macht (Ex 20,3-4) und davor »anbetet«, sich »hinwirft« (Buber).

Uns Menschen der nordalpinen Zweireiche-Kultur scheint eine solche Konkurrenz von »Geistlichem« und »Weltlichem«, der Einzigkeit Gottes mit den Multikulti-Mächten des »Himmels« und des Ackers, der adama (der immer weiter zu steigernden Produktivkräfte der Natur, die schon lange nicht mehr »naturwüchsig« gelassen, sondern chemisch und technisch fortdauernd hochgepuscht, ja im

Prinzip von einer »zweiten Natur« aufgehoben werden soll), - von menschlichen Wirtschaftsbedürfnissen und Gotteswirklichkeit nicht mehr nachvollziehbar, von der »Entwicklung«überholt. Was in der Antike mit der Baals-Vergötzung einer »eigengesetzlichen«, dem Gesetz Gottes entzogenen, Natur begann, setzt sich in der »Moderne« in einer, scheint's, keiner weiteren Begründung und Begrenzung bedürftigen »Eigengesetzlichkeit«des Wirtschaftens fort. In dem Verhältnis von Ökonomie und Natur stehen wir heute vor Problemen, die in biblischen Tagen im Verhältnis von Gott und Bildstöckel in den Landschaften Kanaans erfahren wurden.

Was sollten wir dazu predigen?

1. Soweit ich unsere geistliche Situation heute begreifen kann, stehen wir vor einer Entschränkung der lutherischen Predigtaufgabe, die Heilige Schrift entschlossen auf uns zu beziehen und nur im »Wir«-Bezug dem »Kerygma« dienen zu können (pro me, pro nobis). Es ist nicht postmoderne Lässigkeit, sondern Geschenk neuer Bibelerschließung in der Zeit »nach Auschwitz«, daß wir auch auf dasjenige Wort Gottes hören, das nicht zu uns, sondern vor und neben uns zum jüdischen Volk gesagt wird. Wir sollen nicht nur Hörer des uns Gesagten, sondern auch Mithörer des zu Israel Gesagten werden. Luther kannte diese spezifische Hörer-Unterscheidung, war nur der Meinung, daß, was zu den Juden gesagt sei, »uns nicht angehe«. Diese Folgerung können wir nun nicht mehr gutheißen. Wenn es uns auch hoffnungslos überfordern würde, ein Ohr bei allen zu haben, die uns politisch und gesellschaftlich tatsächlich - fast - alle »angehen« - zu Mithörern dessen, was dieser besondere Andere, das jüdische Volk, von (auch unserem!) Gott hört, sollen wir uns heute machen - auf Gefahr, daß wir auch gegen das, was Gott zu *uns* sagt, schwerhörig, gar völlig taub werden.

Und dies nicht um geistlicher oder theologischer »Bereicherung« durch eine andere »Religion« willen, sondern um willen unserer Selbsterkenntnis durch eben das Wort Gottes, das zu Israel gesagt wird - eine Erkenntnis, die auch christliche Selbstkorrektur und Selbstkritik bewirken kann, die uns aber vor allem lehrt, daß wir Christen im Volk Gottes nicht allein leben - nicht nur »wir« im Reichtum und den Grenzen unseres Gottverstehens - und daß Gott uns im jüdischen Volk einen älteren Bruder gegeben hat, mit längerer und - wer weiß - tieferer Erfahrung von Gott, desillusionierter z. B. über die Härte des Alltagslebens mit nur IHM allein.

Mag es also, angewandt auf eine Predigt unseres Textes, sein, daß uns und »unseren« Gemeinden diese Verbindung Gott-Kanaan-Erez Jißrael-Palästina unüberwindbar fremd scheint, »für uns«: »erledigt« - nur um so mehr stellt sich die Aufgabe, uns zu erklären, inwiefern Israel bis heute und wohl für immer gerade sie als eine elementare Bundesbeziehung und insofern eine Selbstbestimmung und Selbstbindung Gottes begreift und mit Einsatz von Leib und Leben festhält; in seiner Volk-Land-Beziehung die »Identität«, das innerste »Wesen« des Gottes Israels erkennt, der der Vater unseres Herrn Jesus Christus ist. Als Mithörer der Heiligen Schrift, wenn und wie Juden sie hören, sind wir zu einem Verstehen eingeladen, das uns über Grenzen unseres Selbstverständnisses hinausruft und vor allem eine nicht zu enttäuschende Teilnahme am geschichtlichen und gegenwärtigen Leben des jüdischen Volkes abverlangt: laufende Informiertheit über seine Wege ebenso wie innere Teilnahme an den ungeheuren - in der Bibel begründeten!- Herausforderungen, Widersprüchen, Verheißungen, Leiden und leidenschaftlichen Diskussionen über den Fortgang dieser Wege: »im Lande« ebenso wie in der Gola (Diaspora). Eigentlich zu jeder Schriftauslegung- nicht nur der Hebräischen Bibel, auch des Neuen Testaments!- gehört heute eine Belehrung an uns Christen, wie gegenwärtig und in welchen Erscheinungsformen gegenwärtig heute (noch?, wieder!) die Schriften im Leben des jüdischen Volkes (und damit in der Mitte »der Völker«, also in unserer Mitte) sind. Aus politischen und »moralischen« Gründen fällt es vielen bei uns schwer, den biblischen Gottesbund mit »dem Land« also: Gottes eigene Bindung an »dieses« Land, im *heutigen* Kampf zwischen Israel und den Palästinensern *wiederzuerkennen* so »buchstäblich«, wie die Bibel das sieht, könne es doch nicht gemeint sein; und schnell erwachen gerade da Hunde der historischen Bibelkritik und der Abneigung gegen »Fundamentalismus« in uns selbst, wenn wir auch sonst weder für das eine noch für das andere ein Herz haben. Besonders schnell und gerne bemächtigen wir uns des Mißverständnisses, als würde so die Bibel mißbraucht zu aggressiver, nationalistisch-»zionistischer« Politik - ganz gleich wie willfährig wir sonst die Bibel ins Politische flechten. Das alles zeigt nur, wie tief uns heutiges Bibelhören zur geistigen und geistlichen Aufgabe in einem wird, das Verhältnis von Bibel und Zeitung nicht in systematischen, geschweige denn unserer Kultur systemkonformen Begriffen, sondern eben geistlich, uns von innen »unbedingt angehend«, aufeinander zu beziehen und ineinander voneinander zu unterscheiden. Kurz: Texte wie der unsere nötigen uns dazu, den biblischen Ur- und Hintergrund in heutigen bitteren Kämpfen um das »Land Israel« oder das »Land Palästina« klar und wenigstens dem Mitdenken der hörenden Gemeinde vor Augen zu führen - auch wenn es dabei gerade nicht um eine »politische« oder »moralische« Stellungnahme zur Politik des Staates Israel und der Palästinenser geht. Anderen wirklich zuhören erfordert selten von uns jene prompte Stellungnahme und Wertung - eine Unart eines heutigen Schnell-Journalismus. Ein *Beten* für Israel aus der eigenen Zerrissenheit über Israels innere und äußere Zerrissenheiten ist die für eine Christengemeinde spezifische Form einer von innen engagierten Teilnahme an seinen Wegen.

Daß wir nun unversehens von der Natur-Dimension des Landes in unserem Text auf seine heutige politische Dimension gekommen sind, ist nach Lage der geschichtlichen Beschränktheiten und Ungeübtheiten eines positiven Lebenszusammenhangs von uns Christen mit Juden unvermeidlich. Denn es bedürfte schon einer langen Erfahrung in dieser Lebensgemeinschaft, wenn wir so direkt, wie die Bibel es im Naturzusammenhang sieht, auch im politischen einen Streit zwischen Gott und den »Gottnichtsen« des Landes wahrnehmen sollten. Daß nicht wenige Juden vor allem »orthodoxe« - es so sehen (und sehen können), sollten wir unseren Gemeinden dann eines Tages auch als eine Erkenntnis zumuten. Aber dazu gehört eine Erfahrung, die wir selbstbezogenen Christen noch nicht einmal anfangsweise haben: nicht zu allem Ja und Amen und Nein sagen zu müssen, was unser Gott Anders-Glaubenden, ja selbst unserem eigenen Glauben erschließt - und doch IHM und ihnen zuzugehören. Das ist die schwerere Aufgabe für die heutige Predigt.

2. Wem es, heute noch, zu schwer scheint, weil er oder sie das vielleicht alles noch nicht leben und darum nicht so sehen kann, wird sich vielleicht lieber an den Streit zwischen Gott und Abgott auf dem Natur- und Wirtschaftsgebiet von Ökologie und Ökonomie halten, den wir oben angedeutet haben. Das scheint »uns hier« aktueller, weil aus dem uns »mythisch« klingenden Landbezug des Gottes Israels ins »Ethische« verschoben, in dem wir uns sicherer und urteilsfähiger fühlen, weil es da eben um »uns« geht. Doch an dieser Einschätzung ist viel Schein. Wir haben es in Deutschland nicht mit einem uns von Gott »verheißenen« Land zu tun, und seine Reinigung von Götzen wäre, selbst wenn sie nicht von vornherein vergeblich wäre, keine Gottesweisung an uns. Der Gott der Bibel hat uns Völker nicht »erwählt«, wie das jüdische Volk, sondern in die Welt »gesetzt« (Jes 44,7 nach Luthers Übersetzung) und hat jedem unserer Länder »seine Grenze« gesetzt (Deut 32,8), d. h.: Uns hat er eingegrenzt, aber er hat uns kein »heilig Vaterland« zugedacht. Da läßt er den mythischen Landgeistern des Erdbodens freien Lauf, für die zwar auch Israel sich anfällig zeigt; aber im Land Israel *bestreitet* Gott die Geisterherrschaft von Blut und Boden, uns zieht er nur ihre Grenzen. Aber lassen wir das und geben dem Geraune von Runen-Wahn und Externsteinen keinen Grund - obgleich in mancher Ausformung der Grünen-Bewegung so etwas herumwabert.

Um so weniger sollen wir unsere heutigen Ökologie-Fragen mit den Weisungen des biblischen Schabbatjahres naiv verknüpfen. Im Schabbatjahr geht es um das Land als Bundespartner Gottes im Verein mit dem jüdischen Volk. »Uns« wäre genug getan, wenn wir uns mit dem Gedanken zufriedengeben würden, daß heutige ökologische Fragen und Forderungen allenfalls als Vernunftsubstrate der biblischen Weisungen für »dieses«, jenes Land angesehen werden können. Der ökonomische Zusammenhang unserer ökologischen Fragen tritt um so deutlicher hervor, je zurückhaltender wir sie biblisch-theologisch mit dem Schabbatjahr verknüpfen. Das ist eine, für Kreise von Jungen und Alten womöglich schmerzliche Grenzziehung. Nur um so mehr greift es uns an, daß »wir« das Wirken der »Gottnichtse«, ihre Konkurrenz zu Gott, weniger auf dem Acker als in unserem Wirtschaften zu fürchten und - zu bestreiten haben. In der Ökonomie müssen wir auf die »Grenzen des Wachstums« und einem Ja zu deren das Volkswohl einschränkenden Bedeutung zu, in diesen Grenzen sollen wir ein Schabbat-Jahr ausrufen, bereit, von dem zu leben, was wir uns längst erarbeitet haben, und wenigstens ab und zu einmal »uns genügen zu lassen«, »wenn wir Nahrung und Kleidung« haben - und in unseren klimatisch unwirtlichen Breiten ein Dach über dem Kopf (1. Tim 6,8).

Unsere Götzen sind, nach dem Ende der Nazizeit, nicht mehr die Mächte des Bodens, sondern die der Wirtschaft. Das Land Israel will Gott heiligen lassen; uns will Gott Grenzen ziehen. In beidem verspricht er sich, Israel so und uns so, als der eine Gott, der nicht »Ruhe im Land«, aber »Frieden schaffen will im Land« (26,6).

7. Sonntag nach Trinitatis: Numeri 9,15-23

GERT ZENKER

GOTTES GÜTIGE WOLKE. Nichts vermag der rätselhafte Mann in Baudelaires Gedicht »L'Étranger« (»Der Fremde«) zu lieben: nicht Vater, Mutter, Geschwister, Freunde, nicht Vaterland, Schönheit, Gold ... »J'aime les nuages qui passent ...« »Ich liebe die Wolken ... die Wolken, die vorüberziehn ... dort ... die wunderbaren Wolken!« (Charles Baudelaire: Die Blumen des Bösen. Der Spleen von Paris, Leipzig: 1973, S.

312 / 313). - Die Wolken als Zeichen des Flüchtigen, des Vergänglichen, des Ungebundenen. Man schaut ihnen nach, nimmt teil an ihrer Wanderschaft von Irgendwo nach Irgendwo und kann sie nicht aufhalten. Und träumend schwingt der Mensch sich empor mit dem Lied von Reinhard Mey: »Über den Wolken muß die Freiheit wohl grenzenlos sein ...« Freiheit und Kälte ... Das alles sind Wolken, die nichts bedeuten, im Wetterbericht finden sie Erwähnung, verknüpft mit der Hoffnung, sie mögen verschwinden - besonders im Urlaub; dunkle Wolken mag man da nicht haben.

Ganz anders die Himmelsverhältnisse im vorliegenden Text. Am Tage eine Wolke über der »Wohnung« (der »Hütte des Gesetzes«) und in der Nacht »ein feuriger Schein« (Nm 9,15 u. 16; vgl. Ex 13,21-22; Ex 14,19-20 u. 24; Ex 40,34-38; 1. Kor 10,1-2). »Sooft sich aber die Wolke von dem Zelt erhob, brachen die Israeliten auf; und wo die Wolke sich niederließ, da lagerten sich die Israeliten« (Nm 9,17). Dieser Vorgang der göttlichen Führung wird, unter Konzentration auf die Wolke, in vielfachen Variationen ausführlichst beschrieben.

»Nach dem *Wort des Herrn* (genauer: nach dem Munde, auf das Geheiß des Herrn, al-pi) brachen die Israeliten auf, und nach seinem Wort lagerten sie sich ...« (Nm 9,18). - Eine sprechende Wolke also? Eine Wolke, aus der heraus sich Gott den Israeliten offenbarte? Oder waren Bewegung und Stillstand der Wolke an sich für die Israeliten schon so etwas wie Wort Gottes, zeichenhaft-wortlos? Man lagert oder man ist in Bewegung, was gibt es von Gott her mehr zu erwarten, als solche Weisung? Fest steht dieses: »... nach des Herren *Befehl* (dasselbe al-pi: auf Geheiß des Herrn) lagerten sie sich, und nach des Herrn Befehl brachen sie auf und beachteten so die Weisung des Herrn, wie er sie durch Mose gegeben hatte« (Nm 9,23). Die Wolke als Wort und Befehl, Torah - Weisung schlechthin. Nm 9,15-23 gehört nach Martin Noth in die Situation des Aufbruchs vom Sinai, ein späterer Redaktor hat den Text so erweitert, daß alles schon sehr nach Unterwegssein und langer Wüstenwanderung klingt. Die Wolke über der Wohnung Jahwes, der Stiftshütte, ist immer mit dabei.

Woran orientieren wir uns heute, welche Zeichen sind Wegweisung für ein Volk, für ein Menschenleben? Ob einer weiterzieht oder sich lagert an einem Ort, dafür schaut heute keiner mehr an den Himmel. Von Wolken erwarten wir nichts. Gott Vater mit langem Bart auf einer Wolke - das ist ein Zerrbild des Glaubens. Der sichtbare Wolkenhimmel erreichbar, meteorologisch erfaßt, als Verkehrsraum erschlossen, kein Mysterium mehr. Gott nicht in den Wolken. Der Himmel (das Reich Gottes) anderswo. Theophanien heute, sofern es sie gibt und Menschen sie als solche erkennen, sind wolkenlos. Himmel und Erde beherrscht von zwiespältigen Anthropophanien des Homo faber, Offenbarungen eines zerrissenen Menschseins, wie es täglich seinen Niederschlag findet in den Medien mit ihrem dunklen journalistischen Gewölk und dem Schwindel der Horoskope.

Gott in einer Wolke, die vorangeht am Tage und in der Feuersäule bei Nacht? So einfach ist es heute nicht. In den Wolken- und Feuersäulen des 20. Jahrhunderts - der moderne Mensch assoziiert unweigerlich *Hiroshima und Nagasaki* - war eher der Teufel. Da wurde kein Weg gewiesen, ein Weg mit Gott schon gar nicht, nur ein Un-Weg der Menschheit aufgezeigt: So, um Himmels willen, nicht!

»Aus dem Feuer und der Wolke« (zum Ineinander von beiden vgl. Ex 24,15-18) hat Gott einst den Dekalog gesprochen (Dt 5,22). Gottes Wolke wacht auch heute über dem Gesetz. Die Wolke ist da, leuchtend wie ehedem im Dunkel der Nacht, nur unsere Wahrnehmung scheint getrübt, aufgeklärt und ohne Gott. Wo aber Gott zu Hause ist in einem Land, einem Volk (gibt es so etwas heute noch?), einer Kirche, einem Menschen-Leben, da ist Gottes Wolke mit dabei, sichtbar jedem, der sie sehen will. Die Wolke als Zeichen der verhüllten Gegenwart Gottes, der »verhüllen muß, um zu offenbaren« wie in der Geschichte vom brennenden Dornbusch (Ex 3,2; vgl. Abraham Joshua Heschel: Gott sucht den Menschen, Berlin: 2000, 5. Aufl., S. 147).

Gottes Wolke ist da, sie ruht und bringt in Bewegung. Wer ihr folgt, dem gibt sie Hoffnung, die Chance zu einem neuen Leben. So schreibt Carl Zuckmayer in einer Kriegsheimkehrer-Geschichte 1914-1918 (Als wär's ein Stück von mir, Frankfurt a. M. 1966, S. 301), dieses Hoffnungs-Wort zum Schluß:

»Ich bin ein Regen und sinke bewußtlos, wunschlos, hingeschenkt, auf Herzen und Hände, dürstende Felder voll Saat und Sehnsucht - Immer neu gebiert mich Gottes gütige Wolke.«

8. Sonntag nach Trinitatis: Numeri 12,1-16

FRIEDRICH WILHELM MARQUARDT

Was hatten Mirjam und Aaron gegen ihren Bruder? Seit ältester Zeit ist jüdischer Schriftauslegung klar: Doch nichts gegen die *Ehe* des Mose mit einer Schwarzen, also keine ausländerfeindlichen, gar rassistischen Vorbehalte. Mose hatte es ja überhaupt mit Ausländerinnen: der Midianitin Zippora z. B. (Ex 2,21f). Und was eine »Mohrin« betrifft (Num 12,1), so vertrat schon der alte Midrasch Sifre Numeri, der etwa aus der 2. Hälfte des 3. Jahrhunderts stammt, die Ansicht, daß »Schwarz schön« sei. Der große Pentateuch-Kommentator Raschi (R. Sch'lomo ben Jizchak 1040-1105) wiederholte 700 Jahre später das ausdrücklich, als er zu 12,1 bemerkte: »Alle anerkannten« die »Schönheit«der kuschitischen Frau, »wie alle über die schwarze Farbe eines Mohren einig sind«, mit dem Zusatz:»Wegen ihrer Schönheit wurde sie eine Kuschit genannt, wie jemand einen Sohn einen Kuschi (Mohren) nennt«. Rassische Ablehnung fällt also aus.

Doch was dann? Spätestens seit jenem alten Kommentar Sifre Numeri deutet jüdische Schriftauslegung die Rede Mirjams »wider Mosche, des kuschitischen Weibes wegen« als Schutzrede für die »Mohrin«, nämlich als Anklage dagegen, daß Mose sie vernachlässigt, angeblich auf besondere Weisung Gottes um seines besonderen Dienstes willen. Auch Mirjam und Aaron wissen sich als Propheten Gottes (Ex 15,20), haben aber nie etwas von solchen Abstinenz-Geboten gehört. So tut sich am Verhältnis zur schwarzen Frau ein verschiedenes Dienstverständnis zwischen den drei Geschwistern auf, und dies könnte dann ein eigentliches »Thema« des Kapitels 12 sein.

Jedoch müssen wir genauer sagen: Mag allenfalls »historisch« im »Hintergrund« des Kapitels eine »Verhältnisbestimmung« von Mose »zur frühprophetischen Bewegung«, deren in Num 11 bezeugtes Ekstatikertum stehen (G. v. Rad, Theol. des AT 1, 303) - zwischen den Geschwistern geht es, so wie es in Kap.12 für uns geschrieben steht, um ein Aufbegehren geschwisterlicher, wir dürfen erweitern: »demokratischer«, Gleichheit gegen die Sonderstellung eines Einzelnen - eben des Mose - im Dienste Gottes: »Hat er denn allein nur in Mosche geredet, hat er nicht auch in uns geredet?« (12,2) - eine in der Bibel mehr als einmal brisant gewordene Streitfrage. Num 16,1ff hören wir vom Aufstand und Untergang der »Rotte Korach«: 250 Laien aus Israel, die sich genau wie Mirjam und Aaron gegen Mose »empörten« mit dem revolutionären Kampfruf: »Jetzt ist's genug!«, »Zuviel euch!« (Buber) an Einfluß, Amtsbefugnis und Macht. »Denn die ganze Gemeinde ist heilig, alle miteinander, und der Herr ist unter ihnen; warum erhebt ihr euch über die Gemeinde des Herrn?« (16,3); »Warum erhebt ihr euch über SEIN Gesamt?« (Buber). Gegen Mose für das allgemeine Priestertum aller Israeliten!

Daß ein ähnlicher Vorwurf auch aus Mirjams Rede gegen Mose gehört wurde, bezeugt uns der Einschub des Verses 12,3, der nicht (nach Luthers Übersetzung) lautet: Aber Mose war ein sehr »geplagter« Mann, sondern: »Der Mann Mosche aber war sehr *demütig*« (Buber), also alles andere als hochmütig, wofür ihn die Korachiten erklärt hatten. Das hebräische Wort für »demütig« -anah- läßt von der Wurzel her auch unsere Worte »entsprechen« und »antworten« hören, die uns deutlicher sagen können, was hier mit »demütig« gemeint ist: Mose beansprucht nicht, das große Sagen zu haben; was er sagt und tut, ist durch und durch nur Antworten auf etwas, was ihm selbst gesagt wird - von Gott nämlich. Er maßt sich keine Übermacht über andere an, und ihm kann kein menschlicher Machtmißbrauch vorgeworfen werden, er ist als Mensch untadelig und reine Demut. Die Frage kann nur sein, ob das, was er menschlich-demütig lebt, in Höherem verwurzelt ist. Und das ist eine offene und eine wirkliche Frage.

Wie in 16,4 Mose »hörte«, was in der Rotte Korach gegen ihn geäußert wurde, so »hört« in 12,2 der Herr, was Mirjam - wohl auch im Namen Aarons - äußerte. Sie »hörten« eigentlich Unerhörtes in den Vorwürfen. Aber daß es dem biblischen Erzähler wichtig ist, uns hören zu lassen, daß sie - die 250 Laien und die 2 Geschwister - »gehört« wurden, zeigt, daß der Widerstand gegen Mose etwas im *Inneren* dieser Protestanten eigentlich Verborgenes, also ein tiefes Ressentiment in ihnen war. Der Herr mußte und wollte es im Fall der Mose-Geschwister wirklich ernst nehmen und rief sie darum zum Zelt der Begegnung (ohel moed) hinaus, dem Ort »echter« Begegnung zwischen Menschen und Gott (12,4), dorthin, wohin er »herniederfährt« und »in der Wolkensäule« ihnen realpräsent werden will (12,5). Dort wollte er ihnen seine Lehre erteilen (12,6-8). Aber es ist doch mehr als nur eine »Belehrung« geworden. In der vergleichbaren Geschichte von der Rotte Korach kommt es ja zu einer regelrechten *Entscheidung* Gottes, auch dort beim »Zelt der Begegnung« (16,19ff) - auch dort in Gestalt eines zornigen Ausschlusses der Protestierenden aus der Gemeinde, ja sogar aus dem Leben. So weit ging Gott im Falle von Mirjam und Aaron nicht, aber eine eingreifende Entscheidung fällte er doch auch hier. Der Untergang der Rotte Korach auf der einen Seite, der - freilich kurz begrenzte - Siebentage-Ausschluß der vom Aussatz befallenen Mirjam aus »dem Lager«, d. h. dem Gesamtleben der Gemeinde Israels auf der anderen Seite, entscheidet unmißverständlich und läßt keine Frage mehr offen (12,9-15). Gott befestigt hier eine Sonderstellung des Mose, indem er ihre ja wirklich von innen her denkbare Fraglichkeit aus der Gemeinde ausschließt. Mose ist etwas Besonderes, selbst wenn dies ihn von der übrigen Gemeinde unterscheidet; geschieden von der Gemeinde sind die, die seinen besonderen Dienst anzweifeln und bekämpfen.

Nun aber aufgepaßt! So wenig »der Mann Mose« (12,3), also Mose als Mensch, sich über die anderen »erhebt«, so wenig »erhebt« Gott ihn zu besonderem Dienst *über* die anderen. Vielmehr ordnet er sie zu verschiedenem Dienst einander zu. Mirjam und Aaron wird ihr Prophetendienst nicht abgesprochen. »Ist euereiner Künder Mir«, »Ist jemand unter euch ein Prophet des Herrn« (12,6) - kein Zweifel besteht daran, daß auch euereiner ein Prophet sein kann, - dann gebe ich mich ihm zu kennen »im Gesicht«, oder ich rede mit ihm in »eurem Traum«. Vision und Audition sind die Weisen, in der ich mit Propheten verkehre; alle die kleinen und großen Propheten Israels bezeugen das, und dazu mögt auch ihr euch zählen. (Mirjam *war* eine: Ex 15,20, Aaron *konnte* sich als Helfer des Mose dafür halten: Ex 4,16.) »Aber nicht also mein Knecht Mose«, der ist mir anders nahe: »In meinem Hause ist er vertraut« »treu«, und ich bin ihm anders nahe: »Mund zu Mund rede ich in ihm«. (Luther übersetzt den Mose hier offenbar als den Empfänger der jüdischen »mündlichen Torah«): »Mündlich rede ich mit ihm« (12,7-8), »und er sieht den Herrn in seiner Gestalt nicht durch dunkle Worte und Gleichnisse« (12,8). Hüten wir uns, diese gegenseitige Nähe von Gott und Mose, Mose und Gott jetzt gleich christologisch aufzuladen (den späteren Weg einer kirchlichen Christologie sollten wir allerdings einmal in viel größerer Nachbarschaft zu Sichtweisen der Hebräischen Bibel als zu solchen griechischen Philosophierens zu experimentieren versuchen!); hier genügt es uns, von einer geradezu personalen Nähe zwischen Gott und Mose zu hören, die so anderen Propheten nicht eröffnet worden ist. Das besagt, daß Israel »den« auf alle Fälle »hören soll«, weswegen es sich in der Leseordnung des jüdischen Gottesdienstes auch dazu entschlossen hat, die Propheten als Haphtara, Ergänzung, zur Torahlesung zu Worte kommen zu lassen, Propheten als Kommentatoren des Mose - den Mose als Text, die Propheten als aktuelle Deuter seines »Textes«. So unterscheidet und so bezieht Gott Mirjam und Aaron auf Mose und Mose auf sie. Und die Frage ist nur, ob »die Propheten« hier also konkret: Mirjam und Aaron sich diese Zuordnung zu Mose gefallen lassen.

Gottes Zorn »ergrimmt« darüber, daß sie das nicht tun

wollen (12,9), und er wendet sich darum von ihnen ab: Keine Propheten ohne Mose! - Und nun das praktische Überlegen des Mose, Zeichen seiner »Demut«, dafür, daß er ganz Ohr ist, auch in den Grimm Gottes hinein: Seine Intercessio, sein Bitten für sie, die Fürbitte des Mose für die Propheten. Er begreift in seiner Demut, daß Gott sie wirklich beieinander haben will, und tritt bei Gott für die *Bewahrung ihrer* Geschwisterschaft ein, stellt sich einer Trennung Gottes von den Propheten in den Weg: »Ach Gott, heile sie« (12,13), nach dem zuvor schon Aaron den Widerspruch gegen Mose als Versündigung, ja Narretei und Torheit eingestanden hatte (12,11).

Von der Einsicht des Aaron und der Fürbitte des Mose läßt Gott sich bewegen: Mirjam soll wieder in Gnaden aufgenommen werden (12,15). Aber die Grenzziehung muß klar bleiben: Innerhalb der Gemeinde können Propheten Narren sein; Empörung gegen Mose kann es nicht geben. »Traum und Gesicht«, »dunkle Worte und Gleichnisse« mögen ein Recht haben, aber das »von Mund zu Mund« gewechselte Wort, »das Wort, das gesprochen wird« (Buber), das ER spricht und Mose mit seinem Sprechen beantwortet - das ist Berufung Gottes, gibt den Ausschlag und hat mit menschlicher Selbsterhebung nichts zu tun.

Im Unterschied zwischen den Geschwistern vollzieht Gott seine Gnadenwahl; in ihrer gegenseitigen Andersheit wird eine prädestinatianische Unterscheidung Ereignis. Gegen sie empört sich, wer Differenz nicht gelten lassen will. Immer wenn Gott sich lebendig erweist darin, daß er wählt - und Wählen ist Akt seiner Freiheit -, fühlt einer sich, völlig zu Unrecht, hintangesetzt: Kain gegen Abel, Ismael gegen Isaak, Hagar gegen Sara, Esau gegen Jakob, die »Völker« gegenüber »diesem Volk« Israel. Warum »Jesus allein« und nicht wir Juden alle? Warum »nur Jesus« und nicht auch Mohammed? Warum Beschränkung Gottes auf einen Menschen statt Universalität von Göttlichkeit allüberall?

Viel gäbe es über vieles für uns aus diesem Kapitel zu predigen. Die brisantere Frage sollten wir nicht scheuen: Hat der Aufstand der geschwisterlichen und »demokratischen« Gleichheit nicht ein gutes protestantisches Recht? Redet denn der Herr wirklich nur durch einen, nicht auch durch uns und viele? (12,2). Vielleicht ist der katholische Laien-Humor gegen ein zwar im Bild gebrechlicher Demut sich vermittelndes und doch oft so schmerzlich spürbar über die Gemeinde des Herrn erhebendes Rom (vgl. 16,3) vergleichsweise harmlos gegenüber einem zum Prinzip befestigten »solus Christus«, in dem wir Evangelischen, besonders in Deutschland, sogar Gott selbst - Gott allein verschwinden lassen. Antithetisch Christus gegen Adam gesetzt, gegen Mose, - Evangelium gegen Gesetz, - Gottesreich gegen Weltreich in einem Mirjam-und-Aaron-Geist von »Entweder-Oder« (Kierkegaard), den doch Mose nicht teilt, und Christus auch nicht, weil der Gott Israels ihn nicht teilt. Es ist nicht recht, wenn wir für unsere Generationen *Barmen* I, unbiblisch (z. B. gegen den Strich von Num 12) gebrauchen: Christus, »das eine Wort Gottes, das wir zu hören, dem wir im Leben und Sterben zu vertrauen und zu gehorchen haben«, als Einzigkeitsprinzip handhaben. Ganz im Sinne von Num 12 haben die Mütter und Väter von Barmen dieses »eine Wort Gottes« (den »Mose« von Num 12) als das bekannt, »das wir (hier und jetzt und wohl immer) zu hören« haben - so wie Gott entschieden hatte, daß Israel auf alle Fälle Mose zu hören hatte. Das schloß aber nicht eine Theorie in sich, daß es daneben keine anderen »Ereignisse und Mächte, Gestalten und Wahrheiten« *gäbe*, die durchaus auch ihre Prophetien hören lassen, nur daß diese uns eher - wie Mirjams und Aarons Erkenntnisse und Handlungen - in »Gesichten und Träumen«, »dunklen Worten und Gleichnissen« (12,6.8) kund werden und nicht in der Mose-Klarheit des »einen Wortes Gottes«, Jesu Christi, dem Mund-zu-Mund-Wort Gottes, dem Knecht, Diener, »Mann Gottes«: »In all meinem Haus ist er vertraut« (12,7-8). Für einen Siebentags-Moment kann Mirjam aus der Gemeinde ausgesetzt werden mit ihrem Widerspruch gegen das in Mose konkrete und klare »eine Wort Gottes«. Die Gemeinde muß, wie in Barmen 1934, Grenzziehungen kennen und anerkennen lernen. Aber dann brauchen wir auch nicht zu übersehen, daß drinnen einer Fürbitte leistet für die Propheten und die »Ereignisse und Mächte, Gestalten und Wahrheiten«, für die immerhin auch Gott sie verantwortlich gemacht hat: deren »Lichter« fürs Licht drinnen

(K. Barth) aufzufangen und neu beleuchten zu lassen. Es gilt ein in schmerzlicher Erfahrung wurzelndes jüdisches Mißtrauen gegen Propheten, nicht nur gegen »falsche« Lügen-, vielleicht mehr noch gegen »richtige« Heilspropheten, die auch zur Erfahrung der ernsthaften Bekennenden Kirche geworden ist. Sie soll uns nicht stumpf machen gegen Mirjam und Aaron, aber doch zurückhaltend z. B. dagegen, als Christen uns lieber und selbstverständlicher auf die Propheten als auf Mose zu beziehen, eher auf die sog. »Verheißungen« des sog. Alten Testaments als aufs »Gesetz«. Laßt uns einmal versuchen, auf die Propheten über Mose, statt allzu direkt über Christus zu hören.

Nach Num 12 könnte das vielleicht unserem Hören des »einen Wortes Gottes« ganz gut tun. Ganz gut!

9. Sonntag nach Trinitatis: Numeri 14,1-8.19-24

FRIEDEMANN STEIGER

1. Ach, wären wir doch in Ägypten geblieben!
- und dort gestorben, heißt es genau. Das wird oft vergessen. Besser dort sterben, als hier.

Wirklich? In dieser Plackerei und Sklaverei? Täglich dieses mühsame Leben. Lehmsteine herstellen. Stroh. Wasser. Lehm. Trocknen lassen. Transportieren.

Wirklich? Die Peitsche. Die harten Lederriemen. Die Aufseher. Sie schlugen, bis das Blut spritzte. Wasser schleppen. Stroh holen. Schwitzen. Schwitzen. Schwitzen... Diese unerträgliche Hitze. Die Norm wurde immer höher gesetzt.

Wirklich? Die ständige Aufsicht. Kärgliche Unterkunft. Ein Dach immerhin. Aus Schilf. Die kalten Nächte. Kinder. Alte. Kranke. Gesunde. Schreien. Stöhnen. Weinen. Klagen. Wo ist nun dein Gott? Ließe er uns doch verrecken in der Sklaverei!

Wirklich? Wir hatten Brot die Fülle. Manchmal sogar Fleisch. Viel Fisch. Wir hatten Ordnung. Es gab keine Aufrührer. Weder rechts noch links. Ein paar Spitzel. Gut, sie sollten die Lage auskundschaften. Nach Feierabend sangen wir unsere Lieder aus schweren Kehlen. Wir feierten unsere einfachen Feste. Waren wir nicht aus der Wüste gekommen, ja geflohen, um uns wieder einmal satt essen zu können und um Wasser die Fülle zu haben? Der herrliche Nil!

2. Die äußere und die innere Geschichte

Wie ist es möglich, dass Menschen ihre Angst vor Menschen verlieren, dass sie Menschenangst in Gottesfurcht umwandeln? Geht das überhaupt? Ist das diese Geschichte dieses Auszugs, unseres Auszugs? Es war damals ein langer Weg und er ist es bis heute. Wir sind immer noch unterwegs. Unsere Geschichte ist ein Beispiel dafür. Die »blühenden Landschaften«im Lande Kanaan sind weit weg. Es gibt unterwegs kein »Recht auf Faulheit«. Ideologische Scheuklappen werden nicht verteilt. Aber es gibt auch kein Recht, das alles anderen zu sagen, so zu sagen. »Basta!« Ich habe dieses Recht auch nicht. Aber von Milch und Honig in der Wüste zu träumen, ist erlaubt. Vielleicht lernen wir denn, schon unter einem Baum die ganze Schöpfung zu erleben. Wenn die Visionen vor lauter Hoffnungslosigkeit und Angst vertrockneten, wäre es viel schlimmer.

3. Wie war das damals?

Du warst gefesselt. Hast du es schon vergessen? Du wurdest gedemütigt. Keine Erinnerung? Getreten. Du solltest den Stiefel küssen, der dich trat. In Ägypten. Im »Haus der Knechtschaft«. Fette Renten beziehen deine Peiniger heute. Der Pharao als beherrschende Figur. Als die Machtgestalt schlechthin. Da hatte sich jetzt eine Gruppe dieser Peiniger zusammengefunden. Die alten Bezirksvorsitzenden und andere Genossen. Sie wollten auspacken. Sie drohten. Die Sprache war die Sprache der Sklavenhalter. Ich hatte sie schon fast vergessen. Der Pharao wurde verehrt und sie mit ihm. Er wurde in den Himmel gehoben. Gottgleich. Das hatte Folgen: Keinem gehörte mehr etwas. Die Vergangenheit war tot. Die Gegenwart enteignet. Die Zukunft total verstellt. Die Frage danach schon sinnlos. Es gab ja den Formationszwang der Geschichte. Für uns zählte nur der

Tag. Das Überleben. Wasser und Brot. Am Leben gelassen werden. Den »Pharao« gnädig zu stimmen. Ihm immer wieder Referenz zu erweisen. Die gläubigen Oberen konnten das unterschiedlich gut. Sie bekamen auch unterschiedliche Belohnungen. Wir verachteten uns selbst. Wir schämten uns für unsere eigene nichtige Existenz. Was wir zu sagen hatten, hatte die Sprengkraft verloren. Wir machten aber auch die Mächtigen immer mächtiger durch Demut. Wir selbst galten nichts. Wir hatten die eigene Freiheit verraten.

4. Gab es nicht einmal einen brennenden Dornbusch?
Gottes Selbstoffenbarung? Hatte Mose das vergessen? »Ich werde sein, der ich sein werde... Oder: »Du, Mose, ich bins doch!« Du musst nicht alles selber machen. Du darfst mir vertrauen. Ich bleibe bei dir. Es gibt keine Macht, die stärker ist als ich. Deine Angst muss aufhören. Sie kommt vom Götzendienst. Sieh auf mich! Nicht auf die Dinge. Die Dinge, die du um dich herum aufbaust, machen deine Wertigkeit nicht aus. Du bist geliebt und angenommen. Lass es dir immer wieder sagen. Du musst nur »Ja« sagen zu diesem »Ja« über deinem Leben. Dann schwindet die Angst und Freude kehrt ein. Und es geschieht noch etwas: Du änderst dein Leben im Lichte dieser Annahme. Du wirst ein neuer Mensch. Du lernst zu teilen und froh zu werden. (Zachäus, Luk.19). Sicher, die Erkenntnis kam später. Aber war sie nicht schon im brennenden Dornbusch angelegt?

5. Der lange schwierige Weg
beginnt. Ausbruch muss gewagt sein. Da hat einer nicht nur stille gehalten. Er hat seine Meinung gesagt. Wie jener Jugendliche, der zu DDR-Zeiten in der sogenannten sozialistischen Oberschule nicht unterschrieben hat: »Die Junge Gemeinde ist eine vom Westen beeinflusste Verbrecherorganisation.« Er flog von der Schule. Das hatte Konsequenzen für seinen ganzen Lebensweg. Oder: Da hat eben einer nicht seinen Studienkollegen verpfiffen in dieser Zeit. Als es herauskam, musste er selbst gehen. Das gab es schon alles. Der aufrechte Gang war die Ausnahme. Aber es gab ihn. Mancher hat die »Sklavenversorgtheit« (Drewermann) verlassen und ist in Unsicherheiten glücklich, aber auch unglücklich geworden. Hier stellen Mose und Aaron einen Ausreiseantrag. Sie wollen ein offizielle Genehmi-

134

gung zum Aufbruch haben. Aber es gibt keinen Kompromiss zwischen Gottesfurcht und Menschenfurcht. Der erste Schritt in die Freiheit ist immer eine Flucht. Es geht nicht anders. Freiheit wird nicht genehmigt. Ich will nicht in der Unmündigkeit bleiben.. Nur weg von hier. Ganz gleich wohin. Nur weg! Ich will mein eigenen Leben leben. Meine eigene Würde. Ich habe das Recht, ein Mensch zu sein. Kleine Schritte in die Freiheit habe ich versucht. Aber die Unterdrücker hatten ihre Streifenwagen parat. Ich war beobachtet um die Uhr. Als wir die Stasizentrale in E. stürmten, fiel mein Foto aus der ersten Schreibtischschublade. Später stand zu lesen: »Extrem staatsfeindliches Element. Vorgesehen fürs Internierungslager.« Wie tröstlich!

6. *Ein Wunder,*

dass wir trockenen Fußes gegangen sind. Links und rechts die Wasser, wie eine Mauer. Wir hatten nichts zu verlieren. Wir mussten keine Angst haben. Wir mussten auch nicht verbrennen, wie ein übereifriger Kollege. Es war unser Weg. Einer hat ihn für uns gewählt. Luther schreibt in einem Brief an Hans Kohlhase: »Setzt Ihr Euch zufrieden, Gott zu Ehren, und lasset Euch Euren Schaden von Gott zugefüget sein, und verbeißets um seinetwillen: so werdet ihr sehen, er wird Euch wiederum segnen und Euer Arbeit reichlich belohnen, dass Euch lieb sei Euer Geduld, so ihr getragen habt.« Wir haben anderswo reichlich Segen empfangen. Das war die Rettung. Jeder braucht einen Menschen, der die Wassermauer hochhält. Nicht nur Mirjam stimmt Lobgesänge an.

7. *Die Wüstenwanderung*

ist noch nicht zu Ende. Wir sind unterwegs. Wir lernen hoffentlich immer mehr gottgesteuert zu leben. Wir sammeln täglich Manna. Nicht viel. Es reicht gerade so zum Leben. Warum wollt ihr das Leben horten? Soll es Zinsen bringen? Der Euro wird es richten. Er nimmt uns allen Übermut. Es sind nicht allein die Spritpreise. Sparen. Was? Wofür? Eben fürs Manna. Die Wüste ist überall. Dafür sind wir durch die Mauer gegangen. Diese Hip und Hop-Gesellschaft. Die sich beteiligen, haben viel Spaß. Sie werden und bleiben »fit for fun« und lieben Big Brother.

Aber eines fehlt ihnen. Die Dramatik bleibt außen vor. Nur an den Gräbern der tödlich verunglückten Jugendlichen kommen sie zum Nachdenken. Ich kenne eine Gruppe rechter Jugendlicher, die graben sich zweimal in der Woche in die Muldenwiesen ein. Dann kommt ein »Kommandant« im Jeep vorgefahren. Die Hand an der Mütze und nimmt alles ab.... Warum machen die das? Andere sagen: Ja damals, da hatten alle Arbeit. Und die sozialpolitischen Maßnahmen waren auch in Ordnung. Es gab Ordnung auf den Straßen. Keinen Alkohol und keine Drogen. Alle kümmerten sich umeinander. Heute geht es danach, was einer für ein Haus hat, wo er seinen Urlaub verbringt und welches Auto er fährt. Eine glückliche Zeit für Blender.

Aber, was damals war, konnte keiner bezahlen. Auch Onkel Franz Josef nicht. Mit der Ordnung war es auch nicht besser als heute. Es wurde nur verschwiegen. Die soziale Kälte aber, das gebe ich zu, die haben wir von den »Wessis« gelernt. Das manchmal sehr gestelzte sozialistische Miteinander hatte auch seine Vorteile. Unsere Freunde und Verwandte allerdings in den alten Bundesländern begegnen uns wie früher. Die Freude darüber kann uns auch keiner nehmen.

8. Wer erinnert sich glücklich und zufrieden?

Ich kenne eine alte Frau: »Ach, wie war das damals schön in Schlesien! Das Dorf hielt zusammen. Wir halfen uns gegenseitig. Die herrlichen Feste, die wir feierten. Hochzeiten. Taufen. Ich träume oft davon. Jetzt ist sie sechsundachtzig. Montag. Mittwoch. Freitag. Da muss sie zur Blutwäsche. Das ist die schmerzliche Gegenwart. Damals war sie jung. Die schönsten Jahre. Dann kamen die Kinder. Die Kriegs-und Notzeiten. Aber die scheinen vergessen. Auch die Krankheiten und Schicksalsschläge... Aber die schönen Feste in der Heimat. Soll sie doch weiter träumen. Eine glückliche Natur. Für uns ein Pflegefall. Viele Menschen erinnern sich anders und die meisten von uns wissen nicht, wie die Muttermilch geschmeckt hat.

9. Was wir brauchen?

»Das Volk schrie und weinte die ganze Nacht.« Das brauchen wir. Uns nicht zufrieden geben mit den Zuständen. Aufbegehren. Die Meinung sagen. Nicht: »Die da oben machen doch, was sie wollen.« Die haben ihre eigenen Zwänge. Stellt euch erst einmal dahin.

»Und alle Israeliten murrten gegen Mose und Aaron.« Das brauchen wir. Es bringen sich viel zu wenige ein. Aber gerecht muss es zugehen dabei. Mose und Aaron haben ihre Verdienste. Denkt an die langen Wüstenwege.

»Ists nicht besser, wir ziehen wieder nach Ägypten?« Die Frage brauchen wir auch. Nichts selbstverständlich werden lassen. Immer wieder nachfragen. Auch Vorteile und Nachteile abwägen. Das ist menschlich. Aber: Wollt ihr das wirklich wieder haben, diese marxistische Staatsreligion, oder die muslimische oder die christliche oder die Herrschaft einer Partei? Und die Angst, wollt ihr die Angst wiederhaben? Die fehlende Meinungsfreiheit. Das Spitzelwesen.

Eure Unmündigkeit. Es geht doch gar nicht. Ihr seid mündig geworden. Ihr habt den aufrechten Gang gelernt. Ihr seid schon andere Menschen geworden. Hoffentlich!

»Und einer sprach zu dem anderen: Lasst uns einen neuen Führer über uns setzen!« Das brauchen wir. Macht das! Wählt die Alten ab. Lasst sie sich nie ganz festsetzen. Die Macht ist verführerisch. Aber bleibt gerecht dabei.

»Da fielen Mose und Aaron auf ihr Angesicht.« Das brauchen wir. Demütige Führer. Solche, die sich ihrer Grenzen bewusst sind. Die sich nur als Stellvertreter fühlen. Nicht als Herrscher. Nicht, um sich zu bereichern oder nur ihre Meinung durchzusetzen. Sie sollen sich jeden Tag in Staub und Asche begeben. Nicht die teuersten Anzüge tragen. Ihre Kleider zerreißen. Buße tun.

»Das Land, das wir durchzogen haben, um es zu erkunden, ist sehr gut.« Das brauchen wir. Politiker, Wissenschaftler, Forscher, die nach vorn schauen. Ein Ethikbeirat ist sicher eine gute Sache. Aber er kann es nicht allein richten. Es muss eine breite Diskussion in der Bevölkerung geben. Milch und Honig fließen nicht von allein. Um sie genießen zu können, brauchen alle Arbeit. Die muss geteilt werden, wenn es nicht genug gibt.

»So vergib die Missetat deines Volkes nach deiner großen Barmherzigkeit.« Die Hauptmissetat ist die Habsucht. Es folgen Neid und Egoismus und Intoleranz.. Noch nie ging es uns so gut. Aber noch nie waren wir so habsüchtig, neidisch und geizig und intolerant. Das kommt alles aus der Menschenangst. Mit geballten Fäusten kommt der Mensch auf die Welt. Mit offenen Händen geht er vondannen. Das ist der Sinn des Lebens. Die Hände zu öffnen in Gottesfurcht. Abzugeben. Nicht festzuhalten.

»Aber so wahr ich lebe und alle Welt der Herrlichkeit des Volkes voll werden soll...« Das brauchen wir. Die Verheißung der Zukunft. Eine Riesenaufgabe. Das froh machende Wort weiterzugeben. Ein kleines Leben ist zu kurz dazu. Und doch ist es gefüllt mit Gnade, mit seiner freundlichen Zuwendung.

»Nur meinen Knecht Kaleb,... den will ich in das Land bringen...« Das brauchen wir, Männer und Frauen, die nach vorn sehen und vorn auch das sehen, was weiterhilft. Die Katastrophe hilft nicht weiter. Das ständige Pochen darauf auch nicht. Nur die Gottesfurcht. Die offenen Hände.

10. Sonntag nach Trinitatis: Numeri 17,16-28

MARTIN FILITZ

Das Volk des Bundes lebt mit Zeichen, nicht von Zeichen. Zeichen begleiten das Wort des EWIGEN. Zeichen mahnen und erinnern. Die ganze Schöpfung ist fähig, begleitendes Zeichen SEINES Wortes zu werden: Wolkensäule und Feuerschein (Ex. 13,17-23), ein sprechender Esel (Nu 22-24), der Feigenbaum (Mk 11,12-14), die Lilien auf dem Feld (Mt 7,28f), selbst ein betrügerischer Haushalter (Lk 16,1-7). Dabei sind die Zeichen blind, ohne SEIN Wort: der Anblick der Herrlichkeit des Himmels und der Erden führt - so verrückt es ist - nicht von selbst zur Erkenntnis des Schöpfers, wie umgekehrt die Erkenntnis des EWIGEN sich am Werk seiner Hände freut und es als Hinweis auf ihn versteht, als

»theatrum Die gloriae« (Joh. Calvin). Lösen sich die Zeichen von SEINEM Wort, dann führen sie zur Magie, zum Aberglaube, dann verbreiten sie Furcht und Schrecken, so, daß die Philister die mühsam erbeutete Lade des Bundes nicht mehr bei sich haben mögen (1.Sam 5-6). Beginnen die Zeichen über SEIN Wort zu herrschen, dann wird man in jedem Blitz und Donner das Ende der Welt erkennen mögen, sich Fahrpläne des Eschatons erfinden und sich Wundern, wenn alles anders kommt als berechnet.

Die 12 Stäbe sind Identitätszeichen des Bundesvolkes. Es ist eine Einheit in Vielheit - das ist bis heute die Wahrheit der These von der Amphiktyonie. Nicht. »Ein Volk - Ein Reich - Ein Führer«, das Gegenteil: ein Volk, das in sich die Verschiedenheit aushält, weil der eine Bund es eint, der eine Gott, die eine Torah. Das wird ein Teil des soziologischen Geheimnisses seines Überlebens in 2000 Jahren Diaspora sein: Verschiedenheit muß nicht trennen: Aschkenasim und Sephardim, die Juden Westeuropas und die Juden aus dem Sudan. Die Judenheit der künstlerischen und wissenschaftlichen Elite des beginnenden 20. Jahrhunderts und die Juden der Ghettos Ostpolens und Galiziens, die in das Berliner Scheunenviertel strömten: Was haben sie gemeinsam, wenn nicht die Erinnerung an die verbindende Geschichte und selbst die, die nicht mehr sein wollten, was sie über Generationen waren, selbst sie wurden verbrecherisch und in mörderischer Absicht auf diese verbindende Geschichte von Exodus und Bund festgelegt. Einheit in der Vielfalt - das Volk Gottes hält solch ein ökumenisches Modell aus, weil es die Einheit nicht in sich selber suchen muß, nicht mühsam eine Identität suchen wie die Nationalstaaten der Moderne. Es hat diese Identität zugesprochen und auch zugemutet bekommen.

Die 12 Stäbe sind 12 Identitätszeichen. Nicht selbst gewählt - verordnet aus SEINEM Befehl. Und Aarons Stab grünt. Ein Lebenszeichen, so wie der grünende Stumpf in der Erzählung von der Berufung des Propheten Jesaja ein Hoffnungs- und ein Lebenszeichen ist (Jes.6,13). Es ist ein Verweis auf den Gott, der dem Abraham aus Steinen Kinder erwecken kann (Mt 3,9). Aber Lebenszeichen können zugleich auch Zeichen des Gerichtes sein. Der grünende Stumpf am Ende der jesajanischen Berufungsgeschichte macht auch deutlich, daß die Hoffnung aus der Katastrophe grünen wird, nicht vorher, und daß es keinen leichten Weg geben wird, auf den Weg der Hoffnung zu gelangen, ohne durch die Katastrophe zu müssen.

Aarons Stab grünt: dem Volk des Bundes insgesamt zur Hoffnung, den 11 anderen Stämmen zum Gericht. Wo soll auch etwas grünen können, wo man nur mit sich selber beschäftigt ist, wo man das Gemeinsame und Verbindende, SEINEN Bund und SEINE Treue vergißt oder vernachlässigt, und vordringlich mit der eigenen Bedürftigkeit genug zu tun hat? Wo soll die Hoffnung grünen oder gar blühen, wenn das Volk der Hoffnung das Loben verlernt und sich statt dessen aufs Jammern verlegt hat?

Aarons Stab grünt. Es ist der Stab des Stammes Levi, des Stammes, der kein Land bekommt, dessen Sorge vordringlich der geordnete Gottesdienst und das verläßliche Lob des Volkes Gottes sein wird. Der grünende Stab Aarons ist ein verhaltenes aber deutliches Lob der Institution, die es um des verläßlichen Lobes Willen nötig hat. Was der Spontaneität überlassen bleibt, der Eingebung des Augenblicks, das kann auch mit jedem Augenblick verschwinden. Die Institution ist nicht vom Teufel. Sie wird es, wenn sie - wie die anderen Stämme - sich aufs Klagen verlegt, auf das Jammern ums Geld, und wenn sie so sehr mit sich selbst beschäftigt ist, daß sie der Öffentlichkeit eben ein solches Bild des Jammerns und des Klagens vermittelt. Dann verwelkt auch Aarons Stab, wird trocken, und er taugt bestenfalls noch dazu, daß man ihn mit in das Museum der anderen Stäbe stellt, der vergangenen Zeichen, die immer noch schön anzusehen sind, aber die ihre Bedeutung längst verloren haben.

In den biblischen Sprachen liegen die Bedeutungen des Grundwortes »Zeichen« und »Wunder« dicht beieinander. Wen ein dürrer Stab grünt, dann ist das ein Wunder - dem jedenfalls, der Augen hat, Wunder zu sehen und sie von Mirakeln zu unterscheiden. Aarons grünender Stab ist ein Wunder: paradigmatisch für Israel und auch für die, die sich um des Juden Jesus von Nazareth willen dem Bundesvolk zugehörig wissen. Ein dürre gewordener Stab - das ist SEINE Möglichkeit, SEINE Verheißung und also auch SEINE Wirklichkeit - kann wieder grünen. Er kann zeigen, daß Altes vergangen und Neues geworden ist. Er kann darauf hinweisen, daß die Schuld und die Verzweiflung der Vergangenheit angehören. In dieser Bedeutung grünt - horribile dictu - auch das dürre Holz dem Tannhäuser Richard Wagners als Zeichen der Vergebung, des Neubeginns nach vertanem Leben.

11. Sonntag nach Trinitatis: Numeri 20,1-13

KARL-ADOLF BAUER

Das Volk Israel - Urbild der Gemeinde - unterwegs in der Wüste. Jahr für Jahr. Der Weg zwischen Ägypten und Kanaan, zwischen Sklaverei und Freiheit, der schier nicht mehr zu enden scheint, ist längst zu seiner Wanderung durch eine Zone von Gefahren, Bedrängnissen und Anfechtungen geworden. Tag für Tag bedroht von Wind und Wetter, Hunger und Durst. Da erheben sich Zweifel im Innern. Da drohen Menschen und Mächte von außen. Kann es da verwundern, wenn bei jeder neuen Bedrohung Müdigkeit und Resignation wie eine ansteckende Krankheit sich in der Karawane der Wüstenwanderer ausbreiten? Viele sind längst erschöpft am Wegrand zurückgeblieben. Und nun stirbt Mirjam, die inspirierende Prophetin, die einst nach dem Durchzug durchs Schilfmeer die Pauke geschlagen und mit allen Frauen ihr unvergessliches Siegeslied (Ex 15,21) angestimmt hatte. Dass nun ausgerechnet *sie* das Land der Verheißung nicht mehr sehen und in Kadesch, der Station in der Wüste, begraben werden muss, mag abermals die Frage wecken, ob sich denn die Strapazen

141

dieses Wüstenzuges noch lohnen und wer denn überhaupt noch das gelobte Land erreichen werde?

Alles Wandern Israels durch die Wüste ist begleitet von Unsicherheit. Jedes Hindernis kann zum Anlass werden: zum Fallen und Murren oder - zum *Glauben!* Diesmal wird der Wassermangel zum Stolperstein auf dem Weg des Glaubens und zum Anlass zur Anklage. Wer wird den Dürstenden vorwerfen, dass sie zu zweifeln beginnen? Doch es ist mehr als Zweifel: Vom brennendem Durst gequält, rottet sich das Volk wider Mose und Aaron zusammen und macht ihnen bitterste Vorwürfe.

In drei Sprüchen entlädt sich ihre Unzufriedenheit. Es beginnt mit der Klage, dass sie nicht schon ihrerseits mit den unterwegs Gestorbenen den Tod gefunden haben. Danach richtet sich aller Zorn auf die früher oft so dankbar gefeierten Führer Mose und Aaron. Giftig unterstellt man den beiden, sie hätten das Volk nur in die Wüste geführt, um es darin samt dem Vieh sterben zu lassen! Die doppelte Warum-Frage (V 4 und 5) ist eine einzige Anklage! Und schließlich: Die Wüste als »übler Ort« (Martin Buber) und saatloses Land, bar der Annehmlichkeiten des Kulturlandes, lässt Ägypten, das Land der Knechtschaft, im Rückblick als fruchtbare Region und Ort annehmlichen Lebens erscheinen. Lebensangst und Todesfurcht haben den Blick getrübt. Die Erinnerung, dass ER sie aus der Hand der Ägypter aus dem Tod errettet und vor Vernichtung bewahrt hat, scheint getrübt, verblasst, ja, vergessen zu sein.

Es gibt Zeiten, in denen ich nicht mehr weiß, wie weiter leben und glauben - Zeiten, in denen Quellen versiegen, aus denen wir gelebt haben, leiblich und geistlich. Wo einst Ströme lebendigen Wassers flossen in unserer Kirche, da ist es heute oft verdorrt und verkarstet. Wüste breitet sich aus und mit ihr *Durst*. Es gibt Stunden der Not und der Müdigkeit, da genügt der Hinweis nicht mehr, ER habe gestern geholfen; ER werde auch morgen helfen und sich als Retter erweisen. Ich kann heute Hilfe erfahren, von lösender Freude getragen werden, Lebens- und Gottesgewissheit empfangen und den Eindruck gewinnen, die größten Schwierigkeiten überstanden und Durststrecken überwunden zu haben. Schon am nächsten Morgen kann mich ein neues Hindernis überfallen, sodass die Gewissheit von gestern wie weggeblasen ist. Manchmal genügt schon eine schlaflose Nacht, ein Fehlgriff oder ein Fehlschlag, Krankheit oder Einsamkeit - und jäh breitet sich die Wüste in uns und um uns aus, in der alles aussichts- und hoffnungslos erscheint. Der Hinweis auf den Glaubensmut der Mütter und Väter hilft da nicht weiter! Er kann erst recht deprimieren. Die Gewissheit von gestern trägt nicht mehr; sie lässt sich nicht konservieren. In Stunden der Erschöpfung, in denen der Blick in die Zukunft verstellt ist, verliert der Angefochtene den Blick für SEINE erfahrene Hilfe. Undankbarkeit und Ungerechtigkeit gegenüber Gott und Menschen - beides liegt dann nur allzu nahe. Nur ein wirksames Zeichen SEINER Präsenz, nicht nur eine Erzählung aus vergangenen Tagen, vermag uns dann aus Resignation zu wecken und uns neu auf dem Weg des Glaubens in Bewegung zu setzen.

Mose und Aaron, die beiden Angeklagten, versuchen gar nicht erst, sich mit dem Argument zu rechtfertigen, dass sie ja wahrhaftig nichts dafür können, wenn es dem Volk jetzt so übel ergeht. Sie haben ja nur getan, was ihnen ein ANDERER - eben ER - befohlen hat. Vor IHM fallen sie im Zelt der Begegnung auf ihr Angesicht in dem Vertrauen, ER könne und werde ihnen einen Weg aus der aussichtslosen und verzweifelten Lage bahnen. Israel fällt zwar in seinem Hadern und Murren über Mose und Aaron her. Doch seine Anklage zielt - wie V 13 klar stellt - zutiefst auf IHN. Ja, im Murren der Wüstenwanderer rumort der tief sitzende Verdacht, ER führe sie durch SEINE Repräsentanten nicht zur Erfüllung im verheißenen Lande, sondern habe es auf Israels Verderben abgesehen. Wie so oft in der Geschichte erweist sich die Identifikation des Erfolges mit IHM als Versuchung, die Spannung zwischen SEINER Verheißung und der Erfahrung harter Realität zugunsten der letzteren aufzulösen. In der Anklage gegen Mose und Aaron fordern sie letztlich IHN zur Rechenschaft heraus: ER soll sich vor ihnen als erfolgreicher Retter rechtfertigen. Angst in den Bedrohungen »zwischen den Zeiten« in der Wüste, Ungeduld gegenüber IHM und Blindheit gegenüber SEINEM Weggeleit - von dem allen lassen sie sich zu dem aberwitzigen Aberglauben verführen, der sie die Befreiungsgeschichte als Verderbensgeschichte missdeuten lässt - eine Geschichte jedenfalls, die es am besten rückgängig zu machen gilt. ER und seine Repräsentanten werden in dieser Optik der Rebellion nicht mehr als Retter *er*kannt und *be*kannt, sondern als Verderbensbringer *ver*kannt!

Es macht die Größe Moses' und Aarons aus, dass sie mit der ihnen entgegengeschleuderten Anklage nicht allein bleiben, sondern zwischen sich und DEM, der sie gesandt und beauftragt hat, zu unterscheiden wissen. Indem sie vor IHM niederfallen, bekennen sie sich dazu, dass nicht *sie*, sondern ER über Israel waltet. Die Macht, die inmitten Israels faktisch in ihren Händen liegt, darf nicht zur Herrschaft werden, die IHM vorbehalten ist. Mit ihrer Proskynese vor IHM erweitert sich der vordergründig gesehen zweiseitige Streit zwischen dem Volk und den beiden zu einer verheißungsvollen Dreiecks-Kommunikation in der sich der Konflikt öffnet auf DEN hin, der Möglichkeiten der Zukunft da gewähren kann, wo alle in den Streit Verstrickten nicht mehr über sich selbst hinauskommen.

Und ER lässt von Mose und Aaron SEINE Herrlichkeit schauen. Dem zu IHM flüchtenden Mose weist ER im Engpass zwischen der äußeren Not des Verdurstens und der inneren des Unglaubens den Ort an, an dem ER sich in SEINER rettenden Gegenwart erweisen will: *vor dem Felsen*. Mose soll den Stock in die Hand nehmen - es ist offensichtlich der vor IHM aufbewahrte Aaron-Stab - und mit Aaron zusammen die Gemeinde versammeln. Unter den Augen aller Versammelten soll er den Fels anreden, dass er sein Wasser hergebe, um den Durst von Menschen und Vieh zu löschen. An der harten Felswand soll Israel SEINE Rettermacht erfahren. Aus dem toten Stein will ER sie tränken und aufleben lassen! Der Stab, der die Weltmacht Ägypten schlug, soll nun aus dem Stein Wasser hervorbrechen lassen. Der Stab ist gleichsam Zeichen für das Wort, das »wie ein Hammer Felsen ... zerschmeißt« (Jeremia 23,29), und tut, was es sagt. Kurzum: ein Wort, das den Glauben provoziert und im Glauben ergriffen und gegen den Felsen geschwungen werden will. Und das Wunder geschieht: zweimal schlägt Mose auf den Felsen ein; und dieser spendet tatsächlich Wasser genug, um den Durst von Menschen und Vieh zu stillen. Der Fels wird zur Quelle und Wasser fließt mitten in der Wüste (Psalm 114,8). Israel erfährt, dass es sich auf IHN verlassen kann - so wie es der Prophet in der Heilsankündigung laut werden lässt: »Die Elenden und Armen suchen Wasser, und es ist nichts da, ihre Zunge verdorrt vor Durst. Aber ich, der Herr, will sie erhören; ich, der Gott Israels, will sie nicht verlassen.« (Jesaja 41,17). Seinen Weg gehen in der Erwartung des Leben rettenden und Leben gewährenden Wunders aus SEINER Hand: In diesem Sinne aus der Hand in den Mund leben - das heißt glauben. Dieser *Realismus des Glaubens*, der im harten, meist glanzlosen Alltag aushält und zu Zeiten wortwörtlich mit SEINER Felsen sprengenden Gegenwart rechnet, ist Israel und allen, die noch »zwischen den Zeiten« auf der Wegsuche sind, zugemutet.

Quellen sind Orte, von denen Leben ausgeht - Orte, der Schöpfung und des Schöpfens, an denen Erschöpfte neu zu Kräften kommen. Man muss nicht erst Wüsten durchwandern, um als Mensch inmitten einer vielerorts betonierten, verwüsteten Umwelt sich einer Quelle zu freuen, aus der man unvergiftetes, frisches Wasser schöpfen kann. In dieser im Felsen aufgebrochenen Quelle verbirgt sich Gott, die unerschöpfliche Quelle, der von lauter Güte überfließt. Er kann und will allen auf dem Weg des Glaubens Wandernden zu Quelle neuen Vertrauens werden.

Die Erzählung endet - befremdlich anders als die Doublette in Exodus 17,1-7! - mit SEINEM Urteil, dass Mose und Aaron »diese Gemeinde nicht ins Land bringen, dass ich ihnen geben werde.« (V 12) Hat Mose eigenmächtig in SEIN Herrenrecht eingegriffen und SEINE Heiligkeit verletzt, als er der aufrührerischen Menge die doch wohl rhetorische Frage entgegenwirft: »werden wir euch wohl Wasser hervorbringen können aus diesem Felsen?« (V 10) Ist das Wörtlein »wir« hier nicht fehl am Platze? War es nicht auch eine Eigenmächtigkeit, dass Mose nicht das aufgetragene Wort gegen den Felsen geschleudert hat, wie ihm befohlen war, vielmehr mit dem Stab auf ihn einschlug? Haben Mose und Aaron wohl äußerlich SEINEM Befehl gehorcht, aber IHM nicht von Herzen vertraut, also IHN nicht glaubend geheiligt? Sind sie gar der Versuchung erlegen, aus der ihnen im Glauben gewährten Teilnahme an SEINER Allmacht einen Besitztitel zu machen und Schritte in die gefährliche Zone des Allmachtswahnes zu tun? Fragen über Fragen, in die diese Erzählung alle, die sie hören und lesen, verwickelt; Fragen, die den Glauben klären, stärken und den Glaubenden selbst helfen können, sich buchstäblich auf IHN zu verlassen.

Der Ort, an dem Israel gegen Mose und Aaron murrt und IHN anklagt - »Meriba« (Exodus 17,7) - ist der Ort geworden, an dem »ER sich heilig an ihnen erwies«. Wenn die Mönche jeden Tag in der Matutin mit dem 95. Psalm beginnen, und sich darin an Meriba erinnern lassen und SEINE Stimme hören: »Verstocket euer Herz nicht, wie zu Meriba geschah...« dann erscheint im Lichte solchen Psalmgebets jeder neue Tag als Zeit des Glaubens. ER, die Quelle unerschöpflicher Güte, hat sich nicht von den Anklagen Israel verbittern und vergiften lassen! An jedem neuen Morgen kommt er uns in seiner Zuvorkommenheit entgegen, provoziert unseren Glauben, um sich an uns heilig zu erweisen. So kann aus dieser und jeder »Murr-Geschichte« (Claus Westermann) eine Geschichte der Zuversicht werden - »uns zur Lehre geschrieben, damit wir durch Geduld und Trost der Schrift Hoffnung haben (Römer 15,49).

12. Sonntag nach Trinitatis: Numeri 22,1-10

JÖRN HALBE

Wer einen Krieg erwägt, braucht nicht nur Waffen, sondern braucht Glauben an seinen Sieg. ›Für König und Vaterland‹ (auch ohne König) geht es so recht erst ›mit Gott‹. Und also, damit beginnt die Geschichte von Bileam. Und sie beginnt, noch ehe er selbst davon weiß. Nicht einmal Gott, wie sich zeigt (V 9), hat Kenntnis von dem, was sich anspinnt:

Die Moabiter fürchten Israel - nicht, daß es sie verschlinge, aber daß es sie einschnüre; daß seine Scharen »alles auflecken rings um uns, wie der Ochs das Grün des Felds aufleckt« (V 4; M. Buber). Ob diese Gefahr, als reale, besteht, oder nur eigene Angst dies (nützliche?) »Grauen« hervorruft (V 3): Keiner prüft, keiner weiß es. Immerhin, Moab ist Israel verwandt, wenn auch verächtlich, als Inzestgeburt (Gen 19,37); und Spätere wissen von einem Gebot für die hier erzählte Zeit: »Du sollst den Moabitern keinen Schaden tun noch sie bekriegen; ich will dir von ihrem Lande nichts zum Besitz geben« (Dtn 2,9). Andererseits. Kriege herüber, hinüber hat es gegeben (Ri 3,12-30; lSam 14,47) und von David bis auf Ahab war Moab Israel tributpflichtig (2Sam 8,2; 2Kön 3,4-5). Aber wie dem auch sei: Für Balak, Moabs König, wie für die ganze Bileamgeschichte (und Kriegsabsichten allgemein) ist das Entscheidende nicht die Bedrohung. sondern der Glaube an sie. Und so weiß man nicht recht: Tut Balak, was er dann tut, um den Glauben an die Möglichkeit zu siegen oder den an die Faktizität akuter Bedrohung zu stärken? Weiß der Himmel! Aber noch, wie gesagt, weiß auch der nichts...

Jedenfalls, Balak greift weit und greift hoch. Denn statt Kamosch, den Gott seines Volkes zu fragen und etwa zu hören: »Geh, erobere Nebo gegen Israel!« (wie es Mescha geschah, seinem Nachfolger im 9. Jh.: Mescha-Inschrift, Z.14; in: W. Beyerlin, Hrsg., RTAT, 256), statt also zu tun, was sich gehört (vgl. Ri 11,24), geht er fremd und ins Weite. Buchstäblich ›von weit hergeholt‹ soll Bileam kommen, vom Euphrat ans Tote Meer! Und wieder ist nicht so recht klar: Ist es die listige Weisheit des Königs, eine so weithin berühmte Autorität zu konsultieren, die hier einleuchten soll, oder ist es, im Wortsinn, die ›Abwegigkeit‹ genau solcher Konsultation? Ein schillernder Typ, dieser Balak! Er handelt wie manisch, wie unter Zwang. Und in der Tat, auf ihm liegt ein Zwang - der *Zwang, siegen zu wollen*.

Genau darum will er es zwingen: »So komm nun und verfluche mir das Volk, denn es ist mir zu mächtig; vielleicht kann ich's dann schlagen und aus dem Lande vertreiben; denn ich weiß: wen du segnest, der ist gesegnet, und wen du verfluchst, der ist verflucht« (V 6).

Nein, diese Wendung am Schluß ist kein Kompliment, keine Schmeichelei, den vielleicht Zögernden zu überreden; sie trifft den Kern der Dinge! Wie man die Kneifzange braucht, weil sie kneift, wollen sie Bileam brauchen, weil er wirkmächtig segnet und flucht. Ein Instrument soll er sein, den Sieg zu erzwingen. Und zum drittenmal schillern die Dinge. Denn es ist wahr und nicht etwa nur eine Besonderheit Bileams: Gesprochener Segen, gesprochener Fluch ist menschlich nicht rückholbar (vgl. nur Gen 27,33-40). Ebenso wahr aber ist: Der Seher verfügt über Segen und Fluch nicht souverän, nicht eigenmächtig. Sein Wort hat die Macht, die er dem überläßt, der ihn sendet. So haben Balak und seine Gesandten ganz und gar Recht, wenn sie glauben, Segen und Fluch aus Bileams Mund träfen wirkmächtig ein; ganz und gar irren sie aber darin, daß sie glauben, er selber sei Herr über Segen und Fluch und nicht nur bereit, sondern auch in der Lage, sie gegen Bezahlung zu liefern (V 7). »Wie kann ich etwas anderes reden, als was mir Gott in den Mund gibt? Nur das kann ich reden!« (V 38): Das, wie die Dinge sich weiter entwickeln, werden sie hinnehmen müssen.

Ende - nicht selbst schon des Zwangs, siegen zu wollen (dazu bedarf es der ganzen Geschichte, und die, in der Tat, endet so: »Und Bileam machte sich auf und zog hin und kam wieder in sein Land, und Balak zog seinen Weg.«: Num 24,25). Scheitern jedoch des Versuchs, Gott als ein Mittel zum Zweck in den Dienst dieses Zwanges zu ziehen! Gott ist frei. Das heißt hier: dazu frei, den Siegeszwang - *in Leben zu verwandeln.*

»Gestatte eine Frage, Seherin - (Der Wagenlenker.) - Frag. - Du glaubst nicht dran. - Woran. - Daß wir zu siegen aufhörn können. - Ich weiß von keinem Sieger, der es konnte. - So ist, wenn Sieg auf Sieg am Ende Untergang bedeutet, der Untergang in unsere Natur gelegt.

Die Frage aller Fragen. Was für ein kluger Mann.

Komm näher, Wagenlenker. Hör zu. Ich glaube, daß wir
unsere Natur nicht kennen. Daß ich nicht alles weiß. So
mag es, in der Zukunft, Menschen geben, die ihren Sieg
in Leben umzuwandeln wissen.« (Christa Wolf, Kassandra,
1983, 132)

13. Sonntag nach Trinitatius: Numeri 22,21-35

GERT ZENKER

EINE ESELIN ERKENNT GOTT. Bileam, ein auswärtiger Seher
soll im Auftrage der Moabiter Israel verfluchen. Der Fluch
eine Art Auftragswerk, offenbar taugen oder gelten die Propheten im eigenen Lande nichts.

Zunächst werden die Boten abgewiesen, unter Berufung auf Jahwe, der zu Bileam gesagt hat: »... Geh nicht
mit ihnen, verfluche das Volk auch nicht; denn es ist
gesegnet« (Nm 22,12). Doch dann lenkt Gott ein: »... mach
dich auf und zieh mit ihnen; doch nur, was ich dir
sagen werde, sollst du tun« (Nm 22,20). Und Bileam
gehorcht. In der Folge gereut es Gott wieder: »Aber der
Zorn Gottes entbrannte darüber, daß er hinzog. Und der
Engel des Herrn trat ihm in den Weg, um ihm zu widerstehen ...« (Nm 22,22). Möglicherweise ist Bileam nun doch
einen Schritt zu weit gegangen und hat insgeheim den
Fluch-Gedanken der Moabiter aufgenommen?

Schon in ihrem Anfang (mit der Ratlosigkeit des Bileam
und dem Wankelmut Gottes) eine verwirrende Geschichte.
Auftrag und Ziel der Sendung sind nicht klar, die Beweg-
gründe nicht stimmig. Bileams Name selbst ist etymolo-
gisch vielleicht in diese Richtung deutbar, in Verbindung
mit *balal*: verwirren oder *balah*: verschlingen, verderben,
zu Grunde richten. Der Seher soll verfluchen, aber der

Fluch gerät ihm zum Segen. Daß aus Fluch Segen wird, ist unter Gottes Gnade nichts Ungewöhnliches, kaum vorstellbar aber, daß Gottes Segen für ein Volk oder einen Menschen sich in Fluch verwandelt. Israel ist gesegnet, und dies hat Gültigkeit. In der Beständigkeit des Segens und der Barmherzigkeit (auch der zornige Gott ist ein gütiger ...) erweist sich Gottes Treue - zu sich selbst und gegenüber den Menschen. Seit den Tagen des Noah ist die ganze Menschheit gesegnet. Da haben wir doch einen Festpunkt, etwas, auf das wir uns verlassen können in aller Geschichte.

Wir - die Menschen. Aber wer denkt an die Tiere? Sind sie nicht auch Geschöpfe Gottes ... Bedauernswerte Kreaturen unter der Herrschaft eines stolzen Homo sapiens, ihm zu Diensten, ausgeliefert auf Gedeih und - Verderb: Vivisektionen im Namen der Wissenschaft, Mastanlagen, Lege-Fabriken mit engen Käfigen, Schlachthöfe. Und am Ende alles fein sortiert, aufbereitet für das gute Gewissen (und den Bauch natürlich) an den Fleischtheken unserer Supermärkte. Die Schleifung der gottgeschaffenen Kreatur hat System, von der Abtreibung bis zum Rinderwahn.

Da ist Bileams Eselin. Ihre Last: ein Mensch. Mag er ein Seher sein oder nicht. Sie muß ihn tragen. Nach Martin Noth ist die Eselin-Episode »... ein Meisterwerk altisraelitischen Erzählens. Zugrunde liegt die Vorstellung, daß ein unbefangenes Tier etwas sehen kann, wofür ein Mensch in seiner Eigenwilligkeit blind ist ...« (ATD 7: Das vierte Buch Mose. Numeri, Berlin: Eva, 1969, S. 157). Ein Bote Jahwes («der Engel des Herrn«) stellt sich Bileam und seinen beiden Knechten in den Weg. Die Eselin sieht den Gottes-Boten, sieht sein Schwert, hat Gottes-Furcht, der Seher aber, der doch Augen haben müßte, beharrt auf seinem Weg, ist blind für Gott. Da weicht die Eselin aus, der Mensch schlägt auf sie ein, sie auf seinen Weg zurückzuzwingen (Nm 22,22 u. 23). Der Weg wird enger zwischen den Weinbergen, Mauern auf beiden Seiten. Die Eselin weicht aus, »und klemmt dem Bileam den Fuß ein an der Mauer« (V 25). Da schlägt Bileam sie noch mehr. Schließlich wird der Weg so eng, daß kein Ausweichen mehr möglich ist, da fällt die Eselin auf die Knie ... Was der Mensch nicht vermag, das Tier beugt sich vor der Allmacht Gottes, die Eselin läuft nicht in das Schwert. Nun kocht Bileams Wut, er schlägt das Tier mit Stecken. Die Enge des Weges, das dreimalige Ausweichen und immer heftigere Schlagen des Tieres lassen eine Steigerung der Geschichte erkennen.

Wer ist hier der Esel und wer der Prophet? - Auf dem Höhepunkt des Schmerzes beginnt die Eselin (das Tier als Mittler zwischen Gott und Mensch!) zu *sprechen* - und das ist die wunderbare Wendung in der Geschichte. Die Eselin ist nicht so sprachlos-leidend wie das gemarterte Bauernpferd in Raskolnikows schrecklichem Traum (vgl. F. M. Dostojewskij: Schuld und Sühne, München: dtv, 1977, 14. Aufl., S. 72-79). Gott gibt ihr im entscheidenden Moment eine Sprache, so kann sie fragen: »Was hab ich dir getan, daß du mich nun dreimal geschlagen hast?« (V 28). Ein Ignorant, wer in dem Schrei der geschundenen Kreatur nicht die mahnende Stimme Gottes hört. Jetzt redet Bileam mit dem Tier, das ihn doch die ganze Zeit getragen hat.

»Da öffnete der Herr dem Bileam die Augen, daß er den Engel des Herrn auf dem Wege stehen sah mit einem bloßen Schwert in seiner Hand, und er neigte sich und fiel nieder auf sein Angesicht« (V 31). Der Mensch beugt sich vor dem allmächtigen Gott, der in Gestalt des Boten mit ihm spricht: »... ich habe mich aufgemacht, um dir zu widerstehen; denn dein Weg ist verkehrt in meinen Augen« (vgl. V 32). Jetzt erst erkennt Bileam seinen Gott und unterwirft sich Seinem Willen. Gott läßt ihn weiterziehen mit den Fürsten Balaks - und dem alles entscheidenden Gebot: »... aber nichts anderes, als was ich zu dir sagen werde, sollst du reden ...« (V 35, vgl. V 20).

Das ist eine klare Weisung für den Propheten. Nicht zu verfluchen, sondern zu segnen ist er ausgesandt, das wird ihm jetzt noch einmal vor Augen geführt. Und solcher Segen Gottes ist die Lebensgarantie für ein ganzes Volk - bis auf unsere Tage.

14. Sonntag nach Trinitatis: Numeri 24,1-9.15.17

BIRGIT KLOSTERMEIER

Mit Gott gegen Gott. Eine »unmögliche Möglichkeit« (Karl Barth) ist es, die Bileam erfüllen soll. Den Fluch legen, worüber Gott den Segen gesprochen hat.

Was mag er sehen, der heidnische Seher, dort mit dem Blick gerichtet zur Wüste, wo das Volk lagert? Die Mühen des Auszugs, die Geschichte von Glauben und Zweifel, von Sklavenschaft und Befreiung, Gottesnähe und Gottesferne in all den Jahrzehnten der Wüste - die Spuren in den Gesichtern über Generationen.

Und nun scheint ihm klar zu werden, was er von Anbeginn geahnt: dies ist ein unmöglicher Auftrag. Er kann nicht mit Gott gegen Gott.

»Ich lebe nicht fern von der Stadt Worms, an die mich auch eine Tradition meiner Ahnen bindet; und ich fahre von Zeit zu Zeit hinüber. Wenn ich hinüberfahre gehe ich immer zuerst zum Dom. Das ist eine sichtbar gewordene Harmonie der Glieder, eine Ganzheit, in der kein Teil aus der Vollkommenheit wankt. Ich umwandle schauend den Dom mit einer vollkommenen Freude. Dann gehe ich zum jüdischen Friedhof hinüber. Der besteht aus schiefen, zerspellten, formlosen, richtungslosen Steinen. Ich stelle mich darein, blicke von diesem Friedhofsgewirr zu der herrlichen Harmonie empor, und mir ist, als sähe ich von Israel zur Kirche auf. Da unten hat man nicht ein Quentchen Gestalt. Man hat nur die Steine und die Asche unter den Steinen. Man hat die Asche, auch wenn sie sich noch so verflüchtigt hat. Man hat die Leiblichkeit der Menschen, die dazu geworden sind. Man hat sie. Ich habe sie. Ich habe sie nicht als Leiblichkeit im Raum dieses Planeten, aber als Leiblichkeit meiner eigenen Erinnerung bis in die Tiefe der Geschichte, bis an den Sinai hin.

Ich habe da gestanden, war verbunden mit der Asche und quer durch sie mit den Urvätern. Das ist Erinnerung an das Geschehen mit Gott, die allen Juden gegeben ist. Davon kann mich die Vollkommenheit des christlichen Gottesraumes nicht abbringen, nichts kann mich abbringen von der Gotteszeit Israels. Ich habe da gestanden und alles selber erfahren. Mir ist all der Tod widerfahren: all die Asche, all die Zerspelltheit, all der lautlose Jammer ist mein; aber der Bund ist mir nicht aufgekündigt worden. Ich liege am Boden, hingestürzt wie die Steine. Aber aufgekündigt ist mir nicht. Der Dom ist, wie er ist. Der Friedhof ist, wie er ist. Aber aufgekündigt ist uns nicht worden.« (Martin Buber, aus: »Zwiegepräch mit Karl Ludwig Schmidt im Jüdischen Lehrhaus in Stuttgart«,1933)

Bileam kann nicht mit Gott gegen Gott. Also kann er nur segnen. Den Segen, der gesprochen, erneuern. Wird der Segen wirkmächtig bleiben gegenüber dem Fluch derer, die ohne Gott sind?

»So werden wir uns dennoch in der Hoffnung begegnen - in dunkler Sternzeit, aber doch in der Hoffnung! Rembrandt: ›Segen Jakobs‹. In der Nacht blüht der Segen auf dem falsch - und doch Gott-richtig Gesegneten auf. In der Nacht möge er Ihnen aufblühen!« (Nelly Sachs an Paul Celan, aus: P. Celan / N. Sachs, Briefwechsel)

Werden die Gesegneten Gott segnen, mit ihrem Leben Gott loben, und sich so erweisen als Segen für andere?

»Der Satz, dass der Staat Israel ein Zeichen der Treue Gottes sei, ist für mich eine ungeheuerliche Lieblosigkeit gegenüber den Palästinensern. Ich könnte ihn nicht sagen. Aber dennoch weiß ich, dass Gott diesem Volk das Land verheißt, und dass diese Verheißung gilt wie seine Liebe zu den Palästinensern und zu uns auch, durch allen Ungehorsam hindurch (Römer 11,32)« (Ulrich Luz, Eine christliche Antwort? in: Schritte ins Offene 5/93 Heiliges Land) Die Weltgeschichte und in und mit ihr die Geschichte des Judentums gibt viele Antworten. Und wirft noch mehr Fragen auf.

Am Ende, ganz am Ende wünschte ich mir jenseits und mit aller religiös begründeten Grenzziehung den weiten Blick des Bileam, das Gesicht zur Wüste gewandt, die Gärten an den Wassern vor Augen und verstehen: es geht nicht mit Gott gegen Gott.

15. Sonntag nach Trititatis: Deuteronomium 2,7

WOLF-JÜRGEN GRABNER

Im Auftrag des Herrn redete Mose mit dem Volk Israel. Er erinnerte die Menschen nach vierzig Jahren Wüstenwanderung an den Weg, den sie mit Gottes Begleitung zurückgelegt hatten. Und dann ruft Gott dem Volk seinen mitgehenden Segen ins Gedächtnis. Offensichtlich war das Volk vergeßlich geworden.

Auch wir brauchen solche Erinnerungen, wenn wir als Christen unterwegs sind und weitergehen, in ein Land und eine Zukunft, die wir nicht kennen.

Heute, am Beginn des dritten Jahrtausends, sind wir durch einen völlig anderen Erfahrungshintergrund geprägt. Wir leben in einer Überflußgesellschaft und sind nie durch die Wüste gewandert. Schon gar nicht vierzig Jahre. Allerdings kennen auch wir Durststrecken. Doch fällt es uns nicht leichter, den überströmenden Segen Gottes, seine fürsorgende Begleitung wahrzunehmen und gar darauf unsere Zukunft zu bauen. Wir sind schließlich emanzipiert und selbstbewußt, das macht es uns oftmals schwer, diesem Gott unser Leben anzuvertrauen.

Man könnte meinen, das Volk damals hatte es gut. Gott hatte sich offenbart, hatte es angesprochen. Wir erleben heute eine schrumpfende, sich selbst verwaltende Kirche. Während Religion außerhalb der Kirchen zu wachsen scheint, geben wir uns vielfach mit zurückgehenden Zahlen zufrieden oder setzen auf Bestandserhaltung.

Doch auch für das Volk damals war es offensichtlich nicht selbstverständlich, das Wirken und den Beistand Gottes wahrzunehmen. Sonst wäre eine derartige erinnernde Selbstvorstellung Gottes überflüssig gewesen. Gott weist sein Volk darauf hin: Du kannst heute deinen Erinnerungen trauen und deshalb kannst du mir künftig gleichermaßen vertrauen.

Eine Ermutigung, die wir uns ebenfalls heute zu eigen

machen können. Viel zu oft leben wir allein in der Gegenwart. Eingespannt in Nachrichten und Reizüberflutung, existenz- und wohlstandssichernde berufliche Bindungen vergessen wir Gottes mitgehenden Segen. Diesen Segen, den wir uns am Ende eines jeden Gottesdienstes zusprechen, scheinen wir machmal zu überhören. Deshalb ist es hilfreich, diese mahnende Gedächtnisstütze aus dem Deuteronomium ernstzunehmen. Denn auf dem, was wir tun, kann Gottes Segen liegen. Unser Schicksal, unser Ergehen nimmt sich dieser Gott zu Herzen und läßt es sich ganz nahe gehen. Und genau dies können und sollen wir auch tun, um den Segen Gottes unter uns wirken zu lassen: Uns dem segensreichen Handeln Gottes dankbar öffnen, von der eigenen Leistung absehen und auf Gott schauen und darauf vertrauen, daß diese alten Zusagen bis heute und morgen gelten. Unsere Vorfahren haben den Inhalt des Bibelwortes in eine Redewendung gebracht: »An Gottes Segen ist alles gelegen.«

Wir brauchen die Erinnerung an den Segen Gottes. Die tägliche Vergewisserung ebenso, wie die wöchentliche Vertiefung und die Jubiläen nach vielen Jahren. Dann wird der mitgehende Segen Gottes wieder aktuell, auch für uns. Dann rechnen wir damit, daß der Weg Gottes auch mit unseren Kirchen und Gemeinden weiterführt, selbst wenn wir noch nicht sehen wie und wohin.

Gottes Segen ernstnehmen, auf seine Wirkung vertrauen - immer wenn wir uns segnen oder segnen lassen -, das geschieht zum Beispiel dann, wenn wir so offen und konzentriert sind, daß man beim gottesdienstlichen Schlußsegen eine Nadel zu Boden fallen hören könnte. Der Segen Gottes entläßt uns nicht aus der Verantwortung, sondern ermuntert uns zum Handeln: In allen Werken unserer Hände kann Gottes Segen zur Wirkung kommen. Segen und Sendung gehören - nicht nur im Gottesdienst - zusammen. Das heißt, den Auftrag annehmen, selbst Zeuge für Gottes Gegenwart zu werden. Weil sein Segen so reichlich ist, daß wir keinen Mangel erfahren werden. In zwei Strophen des bekannten Liedes singen wir von dem Zusammenhang von Sendung und Segen sowie von dem unermeßlichen Überfluß dieses göttlichen Segens:

Komm, Herr, segne uns, daß wir uns nicht trennen,
sondern überall uns zu dir bekennen.
Nie sind wir allein, stets sind wir die Deinen.
Lachen oder Weinen wird gesegnet sein.
Keiner kann allein Segen sich bewahren.
Weil du reichlich gibst, müssen wir nicht sparen.
Segen kann gedeihn, wo wir alles teilen,
schlimmen Schaden heilen, lieben und verzeihn. (EG 170)

16. Sonntag nach Trinitatis: Deuteronomium 4,1-2.9-13

FRIEDRICH SCHORLEMMER

Einschärfen, worauf es ankommt. Immer wieder, immer neu die Einschärfung auf die Grundorientierung des Lebens, die ER dem Volk gegeben hat. Was gelehrt wird, *annehmen* und *tun*, um im ererbten Land *leben* zu können. Gottes Weisungen sind lebensdienliche Orientierungen. An den Grundlagen dieser Weisung soll nichts geändert, nichts hinzugefügt und nichts gestrichen werden. (Das soll gewissermaßen gelten wie Artikel 1-20 des Grundgesetzes!) Die Weisungen dienen dazu, das Land in einer glückenden Ordnung und in einem geordneten Glück zu besiedeln. Keine Klauseln sollen eingefügt werden. Es soll nichts korrigiert und nichts erweitert, nichts verschärft und nichts relativiert, nichts verkürzt und nichts ausgeweitet werden. Was gilt, soll auch gelten. Das Bewährte ist das Bewahrenswerte - und das erweist sich als das Nützliche.

Und die Geschichte soll erzählt werden, aus der heraus diese Weisung gekommen ist: die Erinnerung wach halten, die Seele vor dem Vergessen bewahren. Geschichten, die die Seele stärken und weiten, verinnerlichen. Geschichte und Geschichten weiter erzählen. Das ist Traditionspflege um der Zukunft willen. Durchs Erzählen wird Kindern und Kindeskindern vermittelt, was einmal war, damit es in der jeweiligen Gegenart lebendig, »vergegen-wärtigt« wird. So kommt es zum Zusammenfallen der Zeit in der »Vergegenkunft«, so kann sich ein Volk böse Erfahrungen ersparen, indem es durchlebt und durchleidet, was einmal geschehen ist; Erinnerung als Immunisierung gegenüber neuer Verfehlung. Traditionsvermittlung wird selber ein Grundgebot: mündliches Erzählen, Aug in Auge, als Einschärfung.

»Vor versammelter Mannschaft« soll gesagt werden, worauf es ankommt: auf Worte, die über den Tag hinaus gelten. Worte, die ein- für allemal und für alle gelten, die in jeder Lage etwas Orientierendes sagen: wo man sie abhört auf ihre lebensförderliche Grundsubstanz, wo sich das Allgemeine im Konkreten bewahrheitet und bewährt. Es ist die Erinnerung an den aus dem Feuer redenden Gott, der das Menschenantlitz erleuchtet, alle erstrahlen lässt, die im Dunkeln stehen und sich im Feuer spiegeln. Aus dem Feuer kommt DAS WORT; aus bedrohlichem Dunkel heraus erscheinen Licht und Wahrheit, wird hörbar die Stimme des unsichtbaren Gottes. ER hat keine Bilder und braucht keine Bilder. Die »Zehn-Wort-Rede« (Martin Buber) ist geschrieben auf steinerner Tafel - Symbol für das Unauslöschliche. Aber nicht die Steine sind das Fundament, sondern die Worte, die im Stein gemeißelt sind, Worte, die fortan eingemeißelt werden in die Herzen der Menschen. Nicht mit den Augen, sondern mit den Ohren wird geglaubt: SEIN Wort brennt sich ein.

Aus dem Feuer heraus redet ER und erfüllt die Menschen, die SEIN WORT hören, mit dem Feuer SEINES Geistes. Es ist derselbe Gott, der dem Blaise Pascal erschienen ist. Er schrieb in seinem Memorial 1654:

Von ungefähr zehneinhalb Uhr am Abend bis ungefähr eine halbe Stunde nach Mitternacht,
Feuer.
»Gott Abrahams, Gott Isaaks, Gott Jakobs«
nicht der Philosophen und Gelehrten.
Gewißheit. Gewißheit. Empfindung. Freude. Friede.
Gott Jesu Christi.
Deum meum et Deum vestrum.[1]

»Dein Gott soll mein Gott sein.«
Vergessen der Welt und aller Dinge, ausgenommen Gott.
Er wird nur auf den Wegen gefunden, die im Evangelium
gelehrt sind.
Größe der menschlichen Seele.
»Gerechter Vater, die Welt hat dich nicht erkannt, aber
ich habe dich erkannt.«
Freude, Freude, Freude, Tränen der Freude.
Ich habe mich von ihm getrennt:
Dereliquerunt me fontem aquae vivae.[2]
»Mein Gott, wirst du mich verlassen?«
Möge ich nicht ewig von ihm getrennt werden.
»Dies ist das ewige Leben, daß sie dich erkennen,
den einzigen, wahren Gott, und den du gesandt hast, Jesus
Christus.«
Ich habe mich von ihm getrennt; ich bin vor ihm geflohen,
ich habe ihn verleugnet, gekreuzigt.
Möge ich nie von ihm getrennt sein.
Er wird nur auf den Wegen bewahrt, die im Evangelium
gelehrt sind.
Vollkommene, innige Entsagung.
Vollkommene Unterwerfung unter Jesus Christus und
unter meinen geistlichen Führer.
Ewig in der Freude für einen Tag der Plage auf Erden.
Non obliviscar sermones tuos.[3]

Der Gott Abrahams, Isaaks und Jakobs, der Gott Saras,
Rebeccas und Rahels, der Gott des Mose »auf dem Ho-
reb/Sinai« und der Gott des Jeschua »auf dem Berge« ist der,
der das Feuer seines Geistes sendet, ein im Feuer geläuter-
tes Wort, das in ferne Vergangenheit zurückweist, in der
Gegenwart Beständigkeit verleiht und die Zukunft offen
hält. Nichts soll von seiner Wahrheit weggenommen und
nichts hinzugefügt werden. Weisung ist nicht tötende Mo-
ral, - sie ist lebensstiftende Orientierung. Und sie bedarf
der Einschärfung.

[1] Meinen Gott und euren Gott.
[2] Sie haben mich, die Quelle des lebendigen Wassers, verlassen
(Jes 2,13; 17, 13).
[3] Ich werde deine Worte nicht vergessen.

17. Sonntag nach Trinitatis: Deuteronomium 8,2-3

MATTHIAS ELTER

Die Israeliten zogen vierzig Jahre lang durch die Wüste unter der Führung von Mose. Wie konnten sie solche Strapazen durchhalten? Im Religionsunterricht lernen wir bereits sehr früh die alten Geschichten kennen vom Durchzug durchs Rote Meer, vom Tanz ums goldene Kalb, vom Murren des Volkes und vom Manna, dem »Brot«, das Jahwe vom Himmel regnen lässt. Am Berg Nebo ist Schluss für Mose, er sieht nur hinüber ins gelobte Land, betreten darf er es nicht. Daher ermahnt er sein Volk noch einmal, bevor er es entlässt. Es soll sich an die Gebote vom Sinai halten, dann wird es bestehen. Sie allein verheißen das Leben auch und gerade in der Wüste. Die Wüste verbirgt ein Geheimnis. »Es macht die Wüste schön«, sagte der kleine Prinz, »dass sie irgendwo einen Brunnen birgt.« heißt es bei Antoine de Saint-Exupéry.

Ist die Torah der »Brunnen« in der Wüste? Vielleicht. Bevor wir aber die Wüste schönreden und ganz und gar idealisieren, machen wir uns besser noch ein anderes Wort klar, nämlich: Jemanden in die Wüste schicken, das heißt doch ihn ausschließen, ihn erledigen. Da gibt es nichts mehr, nur noch das Sandmeer. Wer eine solche Erfahrung gemacht hat, weiß, wie bitter und schmerzlich ein solcher Ausschluss sein kann.

Diese Wüstenerfahrung lässt sich in der Bibel mehrfach bei den großen Propheten nachlesen, nicht nur Mose, sondern auch Elija, Jonas und Jesus selbst gehen in die Wüste und nicht alle gehen freiwillig. Sie finden aber in der Wüste eine wesentliche Wahrheit ihres Lebens, die sie nicht mehr loslässt.

Wenn der Weg, den wir zurücklegen, durch die »Wüste« der Einsamkeit, der Mutlosigkeit, der Traurigkeit oder auch des Versagens geht, dann, so sagt Mose, prüft Gott unseren Glauben. Wie können wir den »Brunnen« finden, der in der Wüste verborgen ist. Die Wüstenwanderung der Israeliten dauerte vierzig Jahre. Was bedeutet die vierzig? Es ist eine symbolische Zahl, die für eine Zeit der Erprobung steht. Vierzig Jahre Wüste, vierzig Jahre DDR, vierzig Jahre dann kommt die Midlife-Crisis. Sie will sagen, in dieser langen Zeit wird man erprobt, getestet und geprüft. Man kann die Prüfung bestehen oder auch nicht! Es gibt nicht unbedingt ein Happyend und keine Versicherung, die uns das Leben abnimmt. Die Worte aus Deuteronomium Kapitel 8 bleiben aber nicht bei dieser harten Feststellung stehen, sie ermahnen uns, das Wort Gottes als Nahrung auf diesem Weg nicht zu vergessen. Doch was bedeutet »Wort Gottes« für uns. Was »spricht« uns denn an in dieser mit Worten überfluteten Medienwelt? Wir selbst können füreinander dieses »Wort Gottes« sein, wenn wir die Liebe zum Nächsten vorleben, eintreten für Behinderte, Kranke, Benachteiligte und Opfer von Gewalt und Krieg. Aber dieses »Wort Gottes« ergreift uns auch, besser will uns ergreifen, damit wir aus ihm Leben.

18. Sonntag nach Trinitatis: Deuteronomium 8,6-10

AXEL NOACK

Das Beste kommt noch!. Wer heute - wie damals Mose - zum Einhalten der Gebote aufrufen will, steht vermutlich auf ziemlich verlorenem Posten. Die »Lust« an Gottes Gesetz, wie sie der Wochenpsalm beschreibt, ist heute nur wenig ausgeprägt. »Wohl dem, der ... hat Lust am Gesetz des HERRN und sinnt über seinem Gesetz Tag und Nacht! Der ist wie ein Baum, gepflanzt an den Wasserbächen, der seine Frucht bringt zu seiner Zeit, und seine Blätter verwelken nicht. Und was er macht, das gerät wohl.« (Psalm 1) Hat man etwa noch die Vertonung dieser Verse von Heinrich Schütz im Ohr, die so kräftig herausstellt, wie gewiß derjenige stabil im Leben sein wird, der sich auf Gottes Gebot verläßt, dann merkt man um so deutlicher die Differenz zum Lebensgefühl unserer Tage.

Noch gilt die Abschaffung von Regeln und Geboten bzw. deren Durchbrechung als Zugewinn von Freiheit. Und Freiheit zählt als Wert heutzutage immer noch mehr als Geborgenheit und sicherer Standpunkt an wasserreicher Quelle. Vorschriften werden als einengend und weniger als hilfreiches Geländer zum Festhalten empfunden. Wer den Leuten vom Gesetz redet, will ihnen den Spaß verderben. Wer etwa die Sonntagsruhe als eine gute Ordnung Gottes hilfreich für die ganze Gesellschaft verteidigen will und die Menschen sogar daran hindern möchte, am Sonntag einzukaufen, ist ein Spielverderber. Das soll doch bitteschön jede und jeder für sich selbst entscheiden. Gerade dieser letzte Satz scheint zum eigentlichen Glaubensbekenntnis unserer Tage geworden zu sein: Jedermann soll nicht nur selbst darüber entscheiden dürfen, ob er sonntags durchs Kaufhaus zieht, nein, die vielgerühmte »Selbstbestimmung« reicht bis an die Grenzen des menschlichen Lebens. Umfragen belegen, daß auch in der Frage der pränatalen Diagnostik und der damit verbundenen Entscheidungsmöglichkeit über Leben oder Tod des ungeborenen Kindes und der aktiven Sterbehilfe die übergroße Mehrheit der Bevölkerung der Ansicht ist, daß darüber jeder selbst entscheiden solle. Die Freiheit scheint immer noch - die Werbung kann das belegen - das unangefochtene höchste Gut zu sein.

Wer zum Gebot von Regeln und gar noch zum Halten des Gebotes Gottes überzeugen will, hat es nicht leicht. Auch Mose scheint sich gegenüber seinem Volk viel Mühe gegeben zu haben. Die fünf Bücher Mose reden davon an unzähligen Stellen. Ja, die Geschichte des Volkes Israel läßt sich geradezu als ein Hin- und Herschwanken zwischen der Freude am Gesetz Gottes und des Ausbruchs aus den gegebenen Regeln beschreiben. Der gelehrte Theologe Esra, einer der Volksführer in der Zeit nach der babylonischen Gefangenschaft, kann die Geschichte seines Volkes schließlich sogar mit den Worten zusammenfassen:

»Wenn sie aber zur Ruhe kamen, taten sie wieder übel vor dir. Da gabst du sie dahin in ihrer Feinde Hand, daß die über sie herrschten. So schrieen sie dann wieder zu dir, und du erhörtest sie vom Himmel her und errettetest sie nach deiner großen Barmherzigkeit viele Male. Und du vermahntest sie, um sie zu deinem Gesetz zurückzuführen.« (Nehemia 9,28f)

Der Verweis auf die Geschichte und Gottes immer wieder erwiesene Gnade bestimmen auch die Argumentation des Mose. Auch in den Versen unmittelbar vor unserer Perikope ist dies zu hören: »Gedenke des ganzen Weges, den dich der HERR, dein Gott, geleitet hat diese vierzig Jahre in der Wüste, auf daß er dich demütigte und versuchte, damit kund würde, was in deinem Herzen wäre, ob du seine Gebote halten würdest oder nicht. demütigte dich und ließ dich hungern und speiste dich mit Manna, ...Deine Kleider sind nicht zerrissen an dir, und deine Füße sind nicht geschwollen diese vierzig Jahre.«

Im Fortgang wird hier nun allerdings ein anderer Grund dafür genannt, warum es gilt, Gottes Gebot zu halten. Mit Verweis auf das kommende gelobte Land wird nun gerade nicht von der Vergangenheit und dem zurückgelegten Weg her, sondern vom Blick auf die Zukunft her argumentiert.

Das gelobte Land wird überschwenglich nahezu in den Farben des himmlischen Jerusalem beschrieben. Utopia scheint nicht fern zu sein. Soll hier mit Verweis auf noch ausstehende Herrlichkeiten der Mut zum Hören auf Gottes Gebot angestachelt werden? Dem kritischen Geist fällt dazu sogleich das Wort »Jenseitsvertröstung« ein. Diese Gefahr ist ernst zu nehmen, aber sie darf uns nicht hindern, vom dem zu reden, was das Ziel ist. Unsicherheit über den Weg ist auch darin gegründet, daß das Ziel unklar und unsicher geworden ist. Freilich, auch wer ein klares Ziel vor Augen hat, kann sich verlaufen und vom Wege abkommen. Wer allerdings das Ziel nicht mehr kennt, irrt umher und merkt gar nicht, wenn er sich verlaufen hat. Woran sollte er seinen Weg auch überprüfen können.

Regelloses und manchmal sogar »zügelloses« Leben gründet nicht selten in der Unsicherheit der Perspektive. Schließlich »lebt man ja nur einmal«, und man möchte doch »nichts verpassen.« Nur wer ganz sicher ist, daß das Beste noch aussteht, wird sich an diesem Ziel orientieren. Wer von dem guten, verheißenen Land überzeugt ist, wird sich dorthin sehnen. Wer weiß, daß Gott dort alle Tränen abwischen wird, wird auch die Kraft haben, jetzt schon mit Wischen anzufangen.

Die Moserede ist also auch als Frage an unsere Kirche und ihre Verkündigung zu hören: Trauen wir uns eigentlich so wie Mose von dem zu reden, was kommen wird. Geben wir den Menschen eine Perspektive und Orientierung und damit letztlich auch praktische Hilfe zum Bestehen der Freiheit. Wir müssen es uns trauen, vom Himmel zu reden, wenn die Menschen sich auf der Erde nicht verlaufen sollen.

19. Sonntag nach Trinitatis: Deuteronomium 8,11-19

GERHARD BEGRICH

Wir müssen die Welt daran erinnern, daß sie Gott vergessen hat. Und, schlimmer noch, wir müssen daran erinnern, daß die Welt vergessen hat, *wen* sie vergaß: IHN. Gottvergessenheit ist das Signum und die Gefahr der Zeit - und dies durch alle Zeiten hindurch! Es ist *die* Gefahr Israels, es ist *die* Gefahr der Kirche: Gottvergessenheit durch Erfolg, Reichtum und Selbstüberschätzung. Diese Vergessenheit beginnt mit Gleichgültigkeit gegenüber den Geboten und Forderungen Gottes, die alle Zeit gelten. Das theologische Geheimnis heißt »heute«. Wenn Israel den Text der Torah liest, steht Israel wieder am Sinai. Wo Sein Wort lautet, da ist der »Berg Gottes«. Das ist immer heute. Gottesbegegnung gibt es nur in der Gegenwart, im Jetzt, im Hier und Heute. Darum ist Sein Volk heute geboten - zu allen Zeiten also. Es gibt keine Zeit, in der Sein Gebot nicht gilt. Die »Rede des Mose« protestiert, und warnt zugleich, vor dem

»Tod Gottes«, den Nietzsche Seinen tollen Menschen künden läßt. Gott ist tot - und wir sind seine Mörder. Unverstehen und Torheit hat es sich hier oft zu leicht gemacht: An der Tafel, an der geschrieben ward »Gott ist tot«, haben findige Theologenhände hinzugefügt »Nietzsche ist tot« - und haben damit nur bewiesen, daß sie nichts verstanden haben. Denn »Gott ist tot« bedeutet doch nicht, daß Gott tot ist - wie sollte er sterben! - sondern, daß Sein Dasein, Sein Wort, die Entscheidungen der Menschen nicht mehr bestimmt. Dadurch sind die Menschen »Gottesmörder«. Der Abfall von Gott beginnt mit dem Abfall von Seinem Wort, das doch immer nicht in die Zeiten passen will. »Das muß man alles historisch sehen« - so beginnt der Verlust Gottes. So beginnt der Untergang!

Darum muß Sein Wort immer gegenwärtig sein. Der Text ist immer zeitgenössisch; er gilt heute - und spricht ins Heute.

Aber des Herzen Überheblichkeit spricht: Ich habe mir das alles selbst erworben. Man hält Reichtum, Wohlergehen und Wohlstand für seinen Verdienst - so ergeht es auch Israel. Das ist des Menschen Gefahr.

Wenn du nun schöne Häuser hast, Silber und Gold - vergiß nicht, sondern gedenke!

Das ist die Sprache der Hoffnung und Zuversicht. Israel soll seinen Gott, IHN, nicht vergessen. Das aber bedeutet, sich der Herkunft nicht zu schämen! Israel war ein Volk von Sklaven, das ER herausgeführt hat in die Freiheit und Weite des gelobten Landes. Darum heißt es auch am Sederabend in der Pessach-Haggada: »Jede Generation ist verpflichtet sich vorzustellen, sie sei selbst aus Ägypten gezogen. Denn ER hat uns, nicht unsere Väter und Mütter allein, aus dem Haus der Knechtschaft herausgeführt und uns in das Land gebracht, welches ER unseren Vätern geschworen.« Jede Generation muß erneut befreit werden - und wem wird diese Freiheit gedankt: IHM, der Israel alle Zeit, also heute, befreit und erhört hat.

Israel ist geleitet, behütet, versorgt - von IHM, der sicher durch die Wüsten des Lebens und der Welt geleitet: Damals die Mütter und Väter, heute uns - und morgen unsere Kinder! Um *seines* Namens willen, um *seines* Bundes willen -

so wie es heute ist! Der Bund, den Gott mit Israel geschlossen, den ER Israel geschenkt und gewahrt hat, dieser Bund ist nicht und wird nicht aufgehoben. Gottes Bund ist unzerbrechlich, selbst dann, wenn Israel ihn bricht, aufkündigt, vergißt.

Denn Gottvergessenheit ist Bundesbruch, der Tod und nicht Leben zur Folge hat. Aber: Israel bleibt erwählt und Sein Bund hat Bestand über die Zeiten hin.

Das ist das Evangelium, die frohe Botschaft der Bundestreue Gottes aus diesem Text - für Israel und die Welt.

Zugleich werden wir gewarnt vor »Gottesverlust«, denn wo Gott verloren geht, werden die falschen Götter groß, wo der Glaube abnimmt, wächst der Aberglaube! Wo nicht der Glaube überliefert wird, wird der Aberglaube tradiert.

Daher muß Israel, muß die Kirche, müssen wir Sein Wort finden, das zum Glauben ruft und im Glauben bewahrt. Das ist die Aufgabe des Schriftstudiums, der Auslegung, der Exegese, der Theologie. - Wie leicht ist diese Aufgabe zu verfehlen, wie schwer sie zu erfüllen.

Es ist schon so: heimisch werden in der Schrift, heißt heimisch werden in Gott.

Das Gegenteil von Erinnerung ist hier Gleichgültigkeit. Und die ist lebens-gefährlich. Darum soll Israel wissen, wem es alles verdankt: Leben - Brot - Überleben - Freiheit - Glück : IHM allein, IHM, dem Gott Israels.

Das soll auch die Kirche bekennen und künden. Die Bilder an den Portalen unserer Kirchen sind falsch: die Synagoge ist nicht verworfen - und die Ecclesia triumphiert nicht. Weder steht die Kirche bei den klugen Jungfrauen noch Israel bei den Törichten.

Vielmehr lebt Israel, lebt die Kirche auch, von Seinem lebenschaffenden Wort. Nicht uns, sondern IHN gilt die Anbetung, der Ruhm, die Zuversicht: Heute, wenn wir Seine Stimme hören, sollen wir IHN und Seinem Wort folgen.

Das Heute Gottes gilt der Synagoge und der Ecclesia. Uns fordert Sein Wort an, damit die Welt bleibe. So wie es heute ist. Also wehren wir die Gottvergessenheit der Welt, wehren wir die Israelvergessenheit der Kirche. Es ist unser Auftrag.

20. Sonntag nach Trinitatis: Deuteronomium 10,11-19

AXEL NOACK

Gott fürchten, lieben und vertrauen. Vom preußischen Kurfürsten Friedrich Wilhelm I. wird erzählt, daß er einen Bauern, der vor ihm vom Wege abwich, um dem Fürsten Platz zumachen, danach befragt habe, warum er dies tue. Der Bauer habe geantwortet, daß er seinen Herrn fürchte und deshalb ausweiche. Der jähzornig veranlagte Landesherr habe daraufhin auf den Bauern mit dem zornigen Ruf eingeprügelt. »Du sollst mich nicht fürchten, sondern lieben!« Egal, wie die Authentizität dieser Geschichte einzuschätzen ist, macht sie doch deutlich, daß Liebe nicht anbefohlen werden kann. Was aber macht Martin Luther anderes, wenn er die Auslegungen der Gebote Gottes mit der Forderung einleitete: »Wir sollen Gott fürchten und lieben.« Hier, im fünften Mosebuch findet diese bekannte Lutherauslegung ihren eigentlichen Anhaltspunkt. Die enge Verbindung von äußerem Gehorsam »daß du in seinen Wegen wandelst«, und innerer Verbundenheit »daß du ihn liebest und... von Herzen und von ganzer Seele dienst«, wird hier mit Blick auf zwei Körperteile des Menschen illustriert. Für den äußerlich sichtbaren Gehorsam gegenüber Gottes Gebot steht die Forderung, nicht »halsstarrig« zu sein; für die innere Bereitschaft steht das Bild von der Beschneidung der Herzen. Besonders wir Christen im Osten Deutschlands wissen sehr wohl, daß so mancher biegsame Hals die Wendefähigkeit bei bleibenden harten Herzen erlernen kann. Die Aufforderung zur Beschneidung der Herzen, soll man ruhig einmal sehr vordergründig hören. Alle Beschneidung meint ja, Gott zu geben, was Gottes ist. Gott, der die Herzen ansieht und geschaffen hat, kann nun fordern, seinen Teil zurückzuerhalten. »Siehe, der Himmel und aller Himmel Himmel und die Erde und alles, was darinnen ist, das ist des HERRN, deines Gottes.« (V 14) Das unterscheidet Gott nun allerdings vom noch so mächtigen Landesfürsten. Der kann allenfalls Gehorsam, niemals aber Liebe fordern. Freilich ist die Beschneidung der Herzen anders als die »normale« Beschneidung weder praktisch durchsetzbar noch überprüfbar. Sie geschieht »im Geist und nicht im Buchstaben«, sagt der Apostel Paulus. (Römer 2,29), und sie ist wohl auch nicht als ein einmaliger Akt zu verstehen, denn die Herzen können verhärten und verstocken.

Das Sonntagsevangelium (Markus 10), in dem von der Ehescheidung die Rede ist, weiß von dem verhärteten, also unbeschnittenen Herzen. So gesehen zählt wohl auch unser Herz zum »Fleisch«, das trotz willigen Geistes sprichwörtlich »schwach« zu sein pflegt. Im Grunde wissen wir es in der Regel sehr genau, was richtig wäre und was Gottes Wille ist. Mit diesem Wissen allein ist es freilich nicht getan. Die Trägheit des unbeschnittenen Herzens ist es, die uns hindert, das Rechte zu tun. Im lutherischen Kontext werden die Gottesfurcht und -liebe durch »Vertrauen« zur Trias erweitert: Gott fürchten lieben und vertrauen.

Gerade im mangelnden Vertrauen darein, daß Gottes Wort tut, was es sagt, kommt die Trägheit der Herzen deutlich zum Ausdruck. Jesus kann es den müde gewordenen Jüngern auf dem Weg nach Emmaus direkt ins Gesicht sagen: »O ihr Toren, zu trägen Herzens, all dem zu glauben, was die Propheten geredet haben!« (Lukas 24,25)

Die Aufforderung Gott zu fürchten und zu lieben, wird in unserer Perikope mit dem Verweis auf die Größe und Herrlichkeit Gottes und damit, daß Gott, indem er unsere Väter erwählt hat, auch uns erwählt hat, begründet. An anderer Stelle wird noch deutlicher darauf hingewiesen, daß Gott sein Volk nicht erwählt habe, weil es so bedeutend sei, »sondern weil er euch geliebt hat«. (Dt 7,8) Die Liebe Gottes zu seinem Volk und seine unüberbietbare Größe sind die Basis, auf der die Gebote Gottes uns auffordern, ihn zu fürchten und zu lieben. Beides gilt nun auch für uns Christen. Es ist der gleiche, unüberbietbar große Gott, der auch unsere Erde und unseren Himmel »gemacht« hat. Das Volk Israel sieht seit alters in seiner Erwählung als sein Volk den Ausdruck Gottes beständiger Liebe und Treue. Wir haben diese Liebe Gottes in Jesus Christus gefunden. Für Juden und Christen sind die Betrachtung von Gottes unüber-

bietbarer Größe und seiner unwandelbaren Liebe Grund
dafür, Gott zu fürchten und zu lieben und seine Gebote
nicht nur äußerlich zu halten, sondern Vertrauen zu wagen
und auch die Herzen zu beschneiden.

Gut ist, daß Gott die Seinen mit dieser Forderung nicht
allein läßt. In der großen Moserede, die einige Kapitel weiter hinten berichtet wird, verheißt Mose den bedrängten
Menschen, daß Gott selbst die Beschneidung der Herzen
vornehmen wird. »Und der HERR, dein Gott, wird dein Herz
beschneiden und das Herz deiner Nachkommen, damit
du den HERRN, deinen Gott, liebst von ganzem Herzen
und von ganzer Seele, auf daß du am Leben bleibst.«
(Dt 30,6)

Ähnlich wie bei Luther wird das »Fürchten und lieben«
dann sehr konkret in Lebensregeln und Richtlinien umge-
sprochen. Es reicht nicht aus, von Gottesfurcht und Näch-
stenliebe theoretisch zu reden, sondern es bedarf der Übersetzung von »Werten« in Alltagsregeln und praktische
Handlungsanweisungen.

Es geht um Unbestechlichkeit und darum, wie es um die
Schwachen im Lande steht. Das sind von Alters her die
Waisen, die Witwen und die Fremden. Wie es ihnen ergeht,
sagt viel über die soziale Wohlfahrt eines Landes. Heutige
Ergänzungen sind natürlich möglich und nötig.

Dem Mose wird die Forderung nach Gottesfurcht und
Liebe gewissermaßen als Kompaßnadel für den langen Weg
durch die Wüste gegeben. Damit soll er die Menschen lei-
ten: »damit sie hineinkommen und das Land einnehmen,
das ich ihnen geben will«. Gott lieben, fürchten und ver-
tauen kann auch heute Hilfe zur Orientierung sein. Wir sollten uns nicht scheuen, das auch unserem Volk zu sagen.

21. Sonntag nach Trinitatis: Deuteronomium 11,7-19

JÖRG UHLE-WETTLER

DARUM. Ohne den V 7 ist das »Darum« im V 8 nicht zu verstehen. Überschriften sind nicht immer Programm. Manchmal stören sie sogar.

Jedes Leben steht unter einem »Darum«. Ungefragt wurden wir in dieses Leben gepresst. Wir bekamen einen Namen, den wir uns nicht ausgesucht haben. Vieles verstehen wir nicht. Es ist alles sehr laut. Und morgen ist Kreisverkehr, wo heute noch Einbahnstraße ist.

Das quälende »Warum« birgt immer einen Rest von Bitterkeit in sich. Letztenendes leben wir mehr mit den Fragen als mit den Antworten. Hilfreich und heilsam ist das Darum. Das DARUM zeigt, dass wir von vielen Dingen leben, die schon da sind. Eingebunden in eine Ewigkeit dürfen wir zur Kenntnis nehmen, dass auch nach uns etwas Bleibendes in der Welt ist. Das entlastet und befreit von dem Wahn, alles bei Lebzeiten erreichen zu wollen.

ER innert. Und wir erinnern, dass große Werke schon getan sind (Vgl. den Beginn von Psalm 103).

HALTET DIE GEBOTE GOTTES. Das ist alles. Ein Satz, der Einsatz abverlangt.

In seiner Erzählung: »Der Mahner« stellt uns Johannes Bobrowski einen stillen Litauer vor Augen, der nichts weiter sagt, als diesen einen Satz : Haltet die Gebote Gottes.«! Begleitet von Kindergeschrei und Kopfschütteln. In den Wind. Über die Dächer. In den Straßen. Immer nur dieser eine Satz: Haltet die Gebote Gottes! Gehört wird er wohl, aber nicht verstanden. Die Geschichte geht nicht gut aus. Mahner werden verlacht oder eingesperrt. Wie die Zeiten gerade sind. Dazwischen gibt es nicht viel. Manchmal hat einer Glück. Jona zum Beispiel. Der sagt in Ninive, als er dort vierzig Tage unterwegs ist, auch nur einen Satz.

169

Der V 8 stellt die Weichen für den Zug durch die Wüste. An ihm entscheidet sich, ob der Lebensweg einmal als gesegneter Weg gesehen werden darf.

Wer die Gebote hält, wird gehalten.

Wer die Gebote hält, muss sich nicht von Oase zu Oase quälen, den Alltag durch Events auffrischen und abgestorbene Kakteen zu blühenden Lilien erklären.

Wer die Gebote hält, muss sich nicht eines Tages fragen, ob das Leben vielleicht eine Fata Morgana gewesen ist.

Im Halten der Gebote ist ein Schlüssel enthalten, der ein sinnvolles Leben erschließt. ER schließt - auf.

DORT WO DU HINGEHST, KOMMST DU NICHT HER. Wir gehen gerne an Orte, die uns von »früher« vertraut sind. Wir wundern uns, dass die Wege der Kindheit kürzer sind, als wir sie in Erinnerung haben. Das Erinnern in der Geschichte bleibt von subjektiver Wahrnehmung bestimmt. Es ist nicht wie damals (V 10) - und es wird ganz anders.

Auch in der sächsischen Kleinstadt, in der ich lebe, ist keine einheitliche Antwort zu bekommen auf die Frage: Sind wir 1989 aus »Ägypten« ausgezogen, oder sind wir in das »Gelobte Land« eingezogen? Vor der Wüste oder nach der Wüste? Da wird es in Diskussionen wüst und schwer.

Deutlich ist, es wird nicht mehr so wie früher. Es wird anders. Aber wird es gut?

Der Blick wird von der »Schrebergartenmentalität« befreit und der Horizont geweitet. - Eine Vision wird entwickelt.

Ohne Visionen geht der Mensch zu Grunde.

Ohne Visionen knüpft auch eine Kirche nur noch an ihren Fangnetzen herum und fährt nicht mehr auf das offene Meer hinaus.

Die Vision in V 12 beschreibt keine »blühenden Landschaften«. Diese Vision im Text des Deuteronomiums zeigt der Gemeinde, die es gewohnt ist, auch zwischen den Zeilen zu lesen: Es gibt zwischen den Höhen und Tiefen keinen Ort, an dem der Mensch Gott-los ist.

Zwei neutestamentliche Parallelen lassen sich m. E. assoziativ mit dem Predigttext verknüpfen. Einmal das großartige Nachtgespräch aus Johannes 3, welches zeigt, dass auch der kluge Nikodemus von einem linearen Denken bestimmt wird. Es gibt kein Leben zurück in die Geborgenheit des Mutterleibes. Dort, wo Du hingehst, kommst Du nicht her. Es ist eine ANDERE Geborgenheit, die Dich umschließt und erwartet.

Der andere Text ist aus dem 1. Brief des Paulus(-Schüler) an Timotheus 6,6-10. Wer die Gebote nicht hält, bereitet *sich* den größten Schaden:

Die Frömmigkeit aber ist ein großer Gewinn für den, der sich genügen lässt. Denn wir haben nichts in die Welt gebracht; darum werden wir auch nichts hinausbringen. Wenn wir aber Nahrung und Kleider haben, so wollen wir uns daran genügen lassen. Denn die reich werden wollen, die fallen in Versuchungen und in Verstrickungen und in viele törichte und schädliche Begierden, welche die Menschen versinken lassen in Verderben und Verdammnis. Denn Geldgier ist eine Wurzel allen Übels; danach hat einige gelüstet, und sie sind vom Glauben abgeirrt und machen sich selbst viel Schmerzen.

KINDER LEHREN, DAMIT SIE NICHT LEER AUSGEHEN. So nimm diese Worte und bewege sie in Deinem Herzen (Verse 18 und 19). Die Worte bleiben (von uns).

Wir müssen reden, und nicht zerreden. V 19 meint sicher nicht das Endlosgeplapper, welches Kinder augenverdrehend sagen lässt: Fängt Opa schon wieder davon an! Unsere Worte sollen den Kindern MERKZEICHEN werden.

In einer Generation »XXL«, die gerade heranwächst, spielen Markenzeichen eine große Rolle. Merkzeichen helfen, eine innere Stabilität zu finden. Unsere Kinder fragen, was ihnen geboten wird, und sie müssen sich viel bieten lassen.

SEINE Gebote bleiben. Und das geheime Wissen: Du gehst nicht leer aus, wenn Dir etwas entgeht.

Verzicht ist Gewinn. Warum? DARUM.

22. Sonntag nach Trinitatis: Deuteronomium 17,14-20

JÖRN HALBE

Herrschaft unter der Torah: Der Abschnitt ist Teil des ›Verfassungsentwurfs‹ Dt 16,18 - 18,22: »Der Staat selbst wird zum Gegenstand rechtlicher Regelungen. Zu Themen wie Einsetzung und Machtbefugnis des Königs, Organisation des Rechts, Unterhalt von Priestern und von Propheten und Kontrolle legt der im Deuteronomium sprechende Mose alle entscheidenden Kompetenzen in die Hände des angeredeten ›Du‹ bzw. ›Ihr‹.« (F. Crüsemann, Die Torah, 1992, 273) Von ›Staat‹ und ›Verfassung‹ zu reden, ist allerdings nur vergleichsweise möglich. Wie die politischen Dinge geordnet sein sollen, wird eher in Tatbildern vorgestellt als auf den Begriff gebracht. Aber es gibt eine Grundkonzeption, zu der sich die Teile des Ganzen verbinden: »Es geht um eine staatliche Gesellschaft, aber um eine, in der die Macht breit gestreut ist und zu erheblichen Teilen bei der im Gesetz angeredeten Gruppe liegt«, nämlich bei den landbesitzenden Freien im Juda (wohl noch) der spätvorexilischen Zeit (Ebd. 287; vgl. 242ff, 286-291).

Sie haben ein ›Königsgesetz‹ formuliert, das von den Herrscherwürden Jerusalemer Kulttradition (Ps 2,7-9; 72) nichts und von realen Machtbefugnissen des Königs nur gerade noch so viel übrig läßt, daß gesagt werden kann, was er *nicht* darf. Zwar, das Berufsheer (»Pferde«: vgl. z. B. Jes 31,1), die Außenpolitik (»Frauen«: vgl. z. B. lKön 3,1) und der Staatsschatz (»Gold und Silber«) sind und bleiben seine Sache; er ist nicht einfach eine Kopfgeburt. Aber mit dem Volksheer hat er nichts zu tun (Dt 20), mit der Außenpolitik nur in den Grenzen von Heiratsdiplomatie (militärische Bündnispolitik ausgeschlossen: V 16!) - und auch noch für dieses Minimum gilt, was ihm im Hinblick auf Steuern und Abgaben auferlegt ist: Maß halten, Spielraum nicht mehr als »nicht viel« (in V 16-17 dreimal)!

Daß ein in dieser Form depotenzierter Potentat auch

172

wohl verzichtbar sein könnte, ist ein Gedanke, den V 14 als Bedingungssatz für V 15 wenn nicht nahelegt, so doch zuläßt: Es könnte ja sein, das Volk sagte *nicht*, »Ich will einen König über mich setzen ...«! Ist aber dies doch sein Wunsch, so gilt dreierlei: Ein Bruder aus dem Volk muß er sein, von JHWH (als Davidide) erwählt - und das Volk entscheidet, es setzt ihn ein (vgl. 2Kön 21,24; 23,30 und F. Crüsemann, a.a.O., 275). Nicht der Hof, nicht der Tempel hat hier zu bestimmen, sondern, nur JHWH gehorsam, das Volk.

Spätestens damit erhebt sich die Frage: »Welche Institution oder Autorität damaliger Gegenwart könnte, selbst unter Berufung auf unmittelbare göttliche Offenbarung, übermächtige Institutionen wie das davidische Gottkönigtum und die von ihm eingesetzten Tempel und deren Priester entmachten?« (Ebd. 288) - Aus den Versen 18-20 ergibt sich die Antwort:

Der König so wenig wie das Volk, das ihn einsetzt, ist ›souverän‹. So, wie das deuteronomische Recht in seinem ›Du‹, seinem ›Ihr‹ sich dem Volk auferlegt und es bindet, so ist der König »dieser Torah« untertan, dem im Deuteronomium Buch und Schrift gewordenen Gotteswillen. Das ist, worin und wodurch er als ein »Bruder« gleichgestellt ist »seinen Brüdern« (V 15.20) - nichts als ein wahrhafter Israelit. Aber auch weniger nicht! Wenn er tut, was er soll - das Buch der Torah mit sich führen und »darin lesen sein Leben lang« -,dann unterscheidet ihn nichts von dem »Mann«, dem Gerechten, den Psalm 1 glücklich preist (Ps 1,2), und auch die Verheißung, die darin liegt, teilen beide (vgl. Ps 1,3 mit V 20b). Und also, die Autorität, die den König entmachtet, ist keine andere als die, die das Leben des Volkes im ganzen durchdringt und all seine Institutionen zu vorletzten macht: die *Torah*. Genauer gesagt, die Torah als nicht nur mündlich und situativ ergehende Weisung, sondern als alle auf Dauer identisch verpflichtendes, weil ihnen schriftlich gegebenes Gotteswort: die Torah als Urkunde, als *die Schrift*. Sie ist nicht der Auslegung, der Lehre, der Weitergabe von Generation zu Generation entzogen, im Gegenteil (Dt 31,9-13); aber das ›Es steht geschrieben‹ legt fest und sichert, was allezeit gilt. Auslegung kann dann nichts anderes sein als Selbstauslegung der

Schrift. Keine Institution, kein König, kein Papst ist Herr der Schrift. Sie ist allen vorgegeben. Sie selber ist ›Institution‹.

Das Prinzip der politischen Ordnung im ›Königsgesetz‹ wie im ganzen ›Verfassungsentwurf‹ des Deuteronomiums - ist (protestantisch gesprochen) das Schriftprinzip, *sola scriptura*. Im Horizont aber steht nicht die ›Zwei-Reiche-Lehre‹, sondern die Königsherrschaft Christi.

23. Sonntag nach Trinitatis: Deuteronomium 18,15-22

GERHARD BEGRICH

Im Kloster Drübeck, am Nordrand des Harzes zwischen Wernigerode und Goslar gelegen, wird ein altes Altartuch aus dem 14. Jahrhundert aufbewahrt, auf dem verteilt auf drei Reihen die Heilsgeschichte Gottes mit Seiner Welt dargestellt ist. Die erste, obere Reihe, ist Maria und der Marientheologie vorbehalten, die zweite Reihe der Christologie und die dritte Reihe der Bilder gehört zur Ekklesiologie, dem Verstehen von Kirche und Gemeinde und dem einzelnen Glaubenden in der Welt. Die christologische Bildtheologie wird eröffnet mit einer Darstellung von Gen 49,11, dem Jakobssegen über Juda, den die Kirche ebenso wie die Synagoge messianisch verstanden und gedeutet hat: dieser Text trägt Adventcharakter: einst. Dies Wort verbirgt hier Zukunft. Es wird kommen der Tag. Der Messias wird seinen Esel an einen Weinstock binden, denn es wird vor jedem Haus im ganzen Land einen solchen geben - und sein Kleid wird er waschen in weißem Wein, denn davon gibt es im Überfluß. Wo der Messias seine Gegenwart und sein Herrlichkeit offenbart, da gibt es Brot und Wein - Zeichen der Freiheit - im Überfluß.

Dies Bild sagt also: Hier ist vom Messias die Rede, der das Leben bringt. Folgerichtig ist das Kreuz in der Mitte auch als Lebensbaum gestaltet: das Kreuz bringt uns ins Paradies zurück ...

Das zweite Bild zeigt die uns vertraute Geburt dieses Messias, des Heilands der Welt, in Bethlehem.

Das dritte Bild, dem als viertes die Kreuzigung folgt!, stellt nun unseren Text dar: Mose steht vor IHM - und ER redet: einen Propheten wie dich will ich erwecken aus deinen Brüdern und meine Worte will ich legen in seinen Mund! (Dt 18,15) Das ist der christologische Anspruch dieser messianischen, d. h. christlichen Interpretation: der Rabbi Jesus von Nazareth, geboren in Bethlehem, der ist »der Prophet wie Mose«! Und keiner sonst.

Christologisch bedeutet das ein Dreifaches: 1. Jesus ist Jude, 2. Jesus ist ein Prophet wie Mose und 3. Gottes Wort ist in seinem Mund. - Die Kirche hätte das immer künden sollen: es ist eine »bescheidene Christologie«! Denn dieser Rabbi Jesus ist wie »unser Lehrer Mose« - und nicht *mehr* als dieser. (Freilich kündet und glaubt die christliche Gemeinde Jesus als Gottes-Sohn, was für den Text von Dt 18,15ff in seiner Beziehung auf den Messias keine Rolle spielt!) Denn: Mose ist Jude, Mose ist ein Prophet und Gottes Wort ist in seinem Mund. Hier muß es also heißen: Mose und Jesus. Was Mose für Israel ist, ist Jesus für die Kirche. Diesen unerhörten christlich-jüdischen Dialog kündet das Altartuch im Kloster Drübeck. Fürwahr: ein Schatz der Kirche. Das ist eine (*die*?!) christliche Interpretation unseres Textes, keine jüdische.

Auch Israel hat versucht, diese Verheißung zu deuten. Auf dem Grabhügel des großen Rabbi Moses ben Maimon (Maimonides) in Tiberias steht geschrieben: »Von Mose bis Mose war keiner wie Mose.«

Das ist großartig, weil ein bißchen »schlitzohrig«: Natürlich gibt - und gab! - das *ist* Kritik an christlicher Interpretation - es keinen Propheten wie Mose. Dieser »zweite Mose« ist noch nicht gekommen. Aber dazwischen - und wir leben zwischen den Zeiten, wir heißt hier: Israel - ist keiner größer als eben Mose Maimonides. Es ist es nicht, aber er ist es beinahe. Eines ist diesen Dreien, Mose, Jesus, Maimonides, gemeinsam: Sie legen Gottes Wort, Seine Torah, zum Leben aus, denn dazu ist es (d. h. sie!) uns gegeben!

Israel aber legt Dt 18,18 *so* aus: Wir haben Sein Wort in der Torah. Die christliche Gemeinde ergänzt: Sein Wort in Christus. Gemeinsam aber hören wir IHN.

Sein Wort wird von uns, Israel und der Kirche, gefordert. Kirche und Synagoge sollen nur dann in Seinem Namen reden, wenn sie Sein Wort künden. Mißbrauch ist strafbar, Mißbrauch ist tödlich. Woran wird Sein Wort erkannt? Es wird eintreffen. Es wird.

Das ist es, was Jona (z. B.) nicht verstanden hat. Jona soll künden: Ninive wird in vierzig Tagen untergehen! Wird es auch. Wenn da nicht die Buße wäre. Die Einwohner, das Königshaus, selbst die Tiere kehren nun von ihren falschen Wegen und wenden sich Gott zu und seinem lebenspendenden Wort. Sein Wort ist Leben, nicht Tod. Darum überlebt Ninive. *Das* hat Jona nicht verstanden. Denn gerade, indem des Propheten Bußruf nicht geschieht, behält ER recht: Sein Wort ist immer ein Wort zum Leben. Darum rede kein Prophet aus Vermessenheit. Gottes Wort hat Zeit.

Einst gingen, so heißt es, der Rabbi Aqiva mit zwei seiner Schüler durch das zerstörte Jerusalem. Als sie auf den zerstörten Tempel sahen, wo Eulen in den Nischen blinzelten und Füchse über die Schwelle liefen, fingen die beiden Schüler an zu weinen. Rabbi Aqiva aber lächelte ... Das verstehen wir nicht, sagten die beiden. Das Haus der Königs, unseres Gottes, ist zerstört, Tiere laufen durch den Raum, der einst das Allerheiligste war. Es ist zum Heulen! Und du lachst!? Siehst du das nicht?

Doch, sagte der Rabbi, *das* sehe ich auch. Darum lache ich ja! Habt ihr nicht gelesen, was geschrieben steht bei den Propheten. Bei Urija und Jeremijah und Micha und bei dem Propheten Midea - habt ihr es nicht gelesen: So spricht der Herr: es wird kein Stein auf dem anderen bleiben in meinem Haus! Eulen werden dort wohnen und Schakale und die Stelle wird gepflügt werden, um und um! Habt Ihr das nicht gelesen?

Doch - sprachen die Jünger, darum weinen wir ja. Und - fragte der Rabbi Aqiva: habt ihr nicht gelesen, was der Prophet Sacharja kündet: die Kinder werden hier wieder spielen auf Gassen und Plätzen, die Alten werden im Frieden vor ihren Häusern sitzen und ICH, spricht der Heilige, gelobt sei ER, werde mitten unter ihnen wohnen. Habt ihr das nicht gelesen?

Wenn ER das eine erfüllt hat, wie vor Augen ist, dann wird ER doch das andere auch erfüllen! Ihr müßt nur Geduld haben, meine Kinder. - Du hast uns getröstet, Rabbi Aqiva, sprachen die Jünger ...

Sein Wort ist Trost und Zuversicht - und am Ende wird sich Sein Wort erfüllen. Es wird.

24. Sonntag nach Trinitatis: Deuteronomium 24,10-18

RAINER OECHSLEN

»Am 9. Dezember 1531, zehn Jahre nach der Eroberung des Aztekenreiches durch Hernando Cortés, kam der arme Indio Juan Diego am Rande der Stadt Mexiko, als er zur christlichen Katechese eilte, am Tepeyac-Hügel vorbei. Himmlische Vogelstimmenmusik, nach aztekischer Tradition das Zeichen einer göttlichen Offenbarung, ertönt. Er klimmt den Hügel empor, und vor ihm steht eine junge, dunkelhäutige, überaus schöne Indianerin. Sie ist in strahlendes Licht getaucht und redet ihn in seiner eigenen Náhnatl-Sprache an. Sie stellt sich ihm als die Mutter Gottes, die Mutter aller Armen, die Mutter dieses Landes vor. Sie erennt ihn, den armen Juan Diego, zu ihrem Boten und schickt ihn zum Bischof, der dabei ist, im Zentrum der Hauptstadt Neu-Spaniens, die in diesen Jahren als Symbol der neuen Herrschaft prächtig ausgebaut wird, eine große Kathedrale zu errichten. Sie lässt ihm sagen, er solle ihr auf diesem Hügel, am Rande der Stadt, da wo die Armen wohnen, eine Kirche bauen, damit sich von hier aus der Segen über das Land und alle seine Bewohner, welcher Farbe auch immer, ausbreiten könne.« (Norbert Lohfink, Das Jüdische am Christentum, 1987, 143)

So beginnt die Verehrung »Unserer lieben Frau von Guadelupe«, so beginnt lateinamerikanische Volksfrömmigkeit, für die Maria die Fürsprecherin, Anwältin, Freundin der Armen ist. Vor der Kathedrale von Guadalupe bekennt sich 1979 Papst Johannes Paul II., allen Unkenrufen zum Trotz, zur Option für die Armen.

Seither ist manches geschehen. Wir befinden uns im Zeitalter der »Globalisierung« und des »digitalen Kapitalismus« (Christian Nürnberger), bisher nicht vermarktete Oasen der Zeit und des Lebens werden für den »Markt« geöffnet - und die Marginalisierung der Armen schreitet fort.

Dass die Armen und die Armut wenigstens für Juden und Christen ein Thema bleiben, dafür sorgt zuerst das Deuteronomium. Es ist in großen Teilen »Armenrecht« - in dem Sinne, dass das Recht der Armen verteidigt wird. Eigentlich gilt: *»Es sollte überhaupt kein Armer unter euch sein; denn der HERR wird dich segnen in dem Lande, das dir der HERR, dein Gott, zum Erbe geben wird.«* (Deut 15,4) Aber in der Folge von Krankheit, Dürre, Krieg oder in der Folge des Versagens der politischen Führung kann es geschehen, dass Familien und ganze Menschengruppen vom sozialen Abstieg bedroht sind, dass Land und andere Produktionsmittel verpfändet werden und in fremde Hand geraten - ja dass Menschen sich verkaufen müssen als Schuldsklaven. (Nebenbei: Wie aktuell ist dieses Buch, das wir sehr zu Unrecht »Altes Testament« nennen!)

Das Recht ist dazu da, dass weder Mensch noch Land noch lebensnotwendiger Bedarf auf Dauer »entfremdet« werden, d. h. unter fremde Verfügung geraten. Es steht geschrieben *»Du sollst nicht stehlen«* (z. B. Deut 5,19). Das Eigentum wird geschützt, aber nicht das Eigentum an sich als abstraktes Gut, sondern das Eigentum, das der Bewahrung des Lebens dient. Abstraktes Eigentum wäre Mammon - und der ist bekanntlich ein Abgott.

Noch einmal: Das Deuteronomium ist Armen*recht*. Es geht nicht um ein paar Zugeständnisse, sondern um Recht für die Armen. Zuwendung zu den Armen gibt es auch anderswo im Orient. »Die gleichen Götter, die für die Armen besorgt waren, garantieren die Ewigkeit der gesellschaftlichen Konstruktion. Sie war Schöpfungsordnung, die von den Göttern kam und die die Götter hüteten. Die voll bejahte Zuwendung der Reichen zu den Armen diente letztlich nur dazu, Extreme auszugleichen und Härten zu vermeiden. Tiefer besehen sicherte und festigte sie sogar die Strukturen, aus denen sich die Armut ergab.« (Lohfink a.a.O., 131)

Armenrecht - das heißt zuerst: *»Du sollst von deinem Bruder nicht Zinsen nehmen, weder für Geld noch für Speise noch für alles, wofür man Zinsen nehmen kann.«* (Deut 23,20) Das Zinsverbot bedeutet: Die Not des Nächsten darf kein Anlass werden, Gewinn zu machen.

Armenrecht - das heißt dann: Geh nicht in das Haus des Armen, wähle dir nicht selbst ein Pfand, bleib draußen stehen und warte bis man dir ein Pfand für die Schuld herausbringt. Auch die Wohnung des Armen ist unverletzlich - und nicht nur seine Wohnung. Letztlich geht es um seine Würde.

Armenrecht, das heißt: Bring den Mantel, den du als Pfand genommen hast, bei Sonnenuntergang zurück, denn er dient dem Armen in der Nacht als Decke. Armut ist kein Grund, dass jemand frieren muss.

Armenrecht - das heißt weiter: Wer kein Land besitzt als Grundlage seines Lebensunterhalts, wer also seine Arbeitskraft verkaufen muss, dem sollst du seinen Lohn nicht vorenthalten - nicht eine einzige Nacht. Denn sein Leben hängt an seinem Lohn.

Armenrecht - das heißt schließlich: Du sollst denen, die sich keinen Anwalt leisten können und die keine Lobby haben, den Ausländern, Waisen und Witwen ihr Recht unverkürzt lassen. Zu diesem Recht gehört dann auch die Nachlese auf den Feldern, in den Ölgärten und Weinbergen (Deut 24,19-22). Was dort hängen und liegen bleibt, gehört den Armen - wohlgemerkt: Es gehört ihnen, ist also kein Geschenk. Die Fruchtbarkeit des Landes ist dafür da, dass alle satt werden.

Hunger in diesem Land wäre Lästerung. Wenn jemand hungerte, so würde das bedeuten, Gott selbst zu widersprechen, der seinem Volk ein gutes Land gegeben hat, ein »*Land, darin Weizen, Gerste, Weinstöcke, Feigenbäume und Granatäpfel wachsen, ein Land, darin es Ölbäume und Honig gibt, ein Land, wo du Brot genug zu essen hast, wo dir nichts mangelt...*« *(Deut 8,8-9)*. Hunger in einer reichen Welt - das ist nichts, woran man sich gewöhnen darf.

Eine letzte Beobachtung. Ich verdanke sie Klaus Müller (Diakonie im Dialog mit dem Judentum, 1999, 427ff) und halte sie für sehr wichtig. In V 13 wird dem, der das Recht des Armen achtet, zugesagt: Das »*wird deine Gerechtigkeit sein vor dem* HERRN, *deinem Gott*«. »Gerechtigkeit« übersetzt die Septuaginta hier und an anderen Stellen mit »Eleemosyne« und dies Wort übersetzen wir normalerweise mit »Barmherzigkeit« und manchmal auch - missverständlicherweise - mit »Almosen«. Dabei hat die Septuaginta den Begriff »Eleemosyne« erst erfunden, das profane Griechisch kennt ihn nicht. Das heißt aber: Gerechtigkeit und Barmherzigkeit sind im biblischen Sinn, im Sinn der *ganzen* Bibel, dasselbe.

Wer sagt da, der Sozialismus sei eine vergangene Idee? Die Armen bleiben unser Thema, dafür sorgen Rosa Luxemburg und unsere liebe Frau von Guadelupe - und allen voran das Deuteronomium.

Drittletzter Sonntag im Kirchenjahr: Deut. 26,1-11

JÜRGEN ZIEMER

Den Leser des Dt. mag die Thematik dieses Kapitels überraschen. Mitten in die Darstellung der Gesetze gerät dieser »liturgische Anhang«. Es geht um die Gabe der Erstlinge und die damit verbundenen liturgischen Anweisungen. Der Anknüpfungspunkt ist der Ort: das Zentralheiligtum (Nielsen 238). Aber das ändert nichts an der Ungewöhnlichkeit des

Zusammenhangs. Und in dem Abschnitt selbst entdeckt man bald einige Ungereimtheiten: Die V 3-4 werden in den V 5-9 praktisch wiederholt; und während zunächst vorausgesetzt wird, dass der Priester den Korb mit Früchten nimmt, heißt es in V 11, dass der Darbringer selbst die Erstlinge vor Jahwe hinlegen soll. Der Text ist offensichtlich »nicht einheitlich« (Nielsen). Die Kommentatoren gehen davon aus, dass hier ältere und jüngere Traditionsstücke von einer spätdeuteronomischen Redaktion zusammengestellt wurden. Vermutlich sind die V 3-4 später hinzu gekommen. Für das Verständnis der wesentlichen Aussagen und Anliegen des Textes dürften freilich die traditionsgeschichtlichen Probleme nicht überbewertet werden.

Begründet und verordnet wird in diesem Abschnitt ein *liturgisches Ritual*. Vorausgesetzt ist, dass die Anweisung vor dem Einzug ins Land Kanaan gegeben wurde. Der Text spricht im Futurum. Die Darbringung der Erstlinge des Feldes im Heiligtum soll verbunden sein mit der bewussten Erinnerung daran, dass die Früchte gewachsen sein werden auf dem Land, »das Gott dir geben wird«. Aus dieser Verbindung ergibt sich dann das Gebot, die Darbringung zu verknüpfen mit dem *Bekenntnis* der Heilstaten Jahwes an seinem Volk. Das »kleine geschichtliche Credo« beginnt in V 5 in der ersten Person Singular, um dann in V 6 in den Plural überzugehen als Bekenntnis des Volkes, dem der Einzelne angehört. In V 10 wird dann wieder der Singular verwendet. Das Credo setzt ein mit dem Erzvater Jakob - nur er kann nämlich als der »umherirrende Aramäer« gemeint sein (Nielsen 241). Die Heilstaten Jahwes werden in diesem Bekenntnis ganz exklusiv auf die Befreiung aus der Knechtschaft in Ägypten bezogen. Die Erwähnung des Sinai-Geschehens fehlt also. Auch ein Hinweis auf die Schöpfungsgeschichte, der sich ja nahegelegt hätte (vgl. von Rad zur Stelle) bleibt aus. Zu sehr steht die Errettung aus der Unfreiheit im Blickpunkt, so dass die gesamte liturgische Handlung davon bestimmt wird.

Der Text ist in dieser Torah-Reihe für den drittletzten Sonntag des Kirchenjahres vorgesehen, dem normaler weise der Themenkreis von Tod und Lebenshoffnung zugeordnet ist (Röm 14,7-9, vgl. auch Hiob 14,1-6 als einer der Predigttexte). Dieses Thema verträgt sich mit dem vorliegenden Text aus dem Dt kaum, was nicht unbedingt zu bedauern ist (warum der November in unseren Gottesdiensten permanent auf Tod, Gericht und Ewigkeit festgelegt ist, mag ohnehin gefragt werden dürfen). Viel eher gibt es eine Beziehung zum Erntedankfest, das ja noch nicht lange zurückliegt. Anfang November ist noch Erntezeit und um die Früchte des Feldes geht es in diesem Text.

Der fromme Israelit soll *die Erstlinge* von dem, was er erntet, vor Gott bringen. Die Erstlinge, die noch frischen und ungeschädigten Früchte - also nicht das, was gerade übrig geblieben ist. Gott gehört das Beste, IHM gehören die Anfänge. Das ist ein heute weithin fremd gewordener Gedanke. Manchmal taucht er in verwandter Weise noch auf, wenn etwa Paare nach ihrer standesamtlichen Hochzeit oder junge Familien nach der Geburt ihres Kindes oder ein Kranker nach der Entlassung aus dem Krankenhaus das Bedürfnis spüren, für einen Moment in eine Kirche zu gehen, ein Orgelstück zu hören und so einfach ein wenig Gott, wen immer man darunter verstehen mag, näher zu sein. Die Anfänge gehören Gott, auch die Neuanfänge. Der Gang zum Heiligtum mit den Früchten der Arbeit geschieht gegenläufig zum Trend, alles der eigenen Leistung zuzurechnen und festzuhalten: das ist meins! Was wir hervorbringen, das haben wir zuvor empfangen. Es ist schwer, über die vielen Vermittlungswege hinweg, über die die Produkte unserer Arbeit heute zu den Menschen gelangen und schließlich zu uns zurückkehren, den Gabecharakter wahrzunehmen. Der Text aus dem Dt führt uns in die Nähe der Abendmahlsfeier im Gottesdienst. Dort sind es nicht nur die Elemente der Eucharistie, an denen uns der Gabecharakter unseres Lebens bewusst werden kann. Die Dankopfergebete schließen darüber hinaus alles ein, was wir darbringen, auch unser Geld, unsere Arbeit, unsere Gaben: »Gott, Ursprung alles Lebens, was wir bringen, haben wir von Dir empfangen ...« oder: »Gott, Geber aller guten Gaben, wird danken Dir für alles, was Du uns anvertraust und bekennen, Dein ist alles was wir sind und haben« (Ev. Gottesdienstbuch 452, 453).

Es ist beeindruckend zu sehen, wie sich über die Testamente hinweg uns eine Grundhaltung des Glaubens zu Dingen und Werten des Lebens vermittelt. Der Gestus des *Dankens* bestimmt die Lebenseinstellung - ein heilsamer Gegensatz zur Haltung eines Zweckrationalismus und eines fordernden Besitzdenkens in unseren Tagen.

Mit dem Dank verbindet sich das *Bekenntnis*. Ja, das Bekenntnis ist eine spezifische Form des Dankens. Geht es bei der Darbringung der Gaben um die Früchte, so geht es beim Bekenntnis um den Darbringer selbst. In beidem wird die Beziehung zu Gott aufs neue begründet und bestätigt. Das Credo zu sprechen bedeutet: sich seiner individuellen Identität inne zu werden durch die Wahrnehmung der geschichtlichen Kontinuität im Heilshandeln Jahwes. In der liturgischen Handlung vergewissert sich das einzelne Ich seiner Zugehörigkeit zur Gemeinde Gottes, indem er das Credo spricht. Das ist für uns heute nicht einfach nachzuvollziehen. Es melden sich bald Widerstände gegen das Sicheinfügen unseres Ichs in ein großes Wir des Glaubens, und das Gefühl, eine gemeinsame (Heils-)Geschichte zu haben, ist nicht selbstverständlich vorhanden. Aber vielleicht war es das ja auch im alten Israel nicht. Vielleicht waren die Rituale notwendig, um es immer wieder einzuführen und zu »lernen«, dass man zur Gemeinde des Gottes gehört, der »uns aus Ägypten herausgeführt hat«. Das Schwanken vom Singular auf den Plural in unserem Text geschieht vielleicht nicht von ungefähr. Der immer wieder für uns heute notwendige und heilsame Schritt zur Erfahrung der Gemeinschaftlichkeit des Glaubens könnte auch für uns damit symbolisiert sein.

Der Gang zum Tempel sollte alles andere sein, als ein erzwungener Opfergang oder eine Disziplinierung des Einzelnen. Der Text endet mit der uneingeschränkten Aufforderung zur *Daseinsfreude: Und du sollst fröhlich sein und dich freuen über dein Gut, dass der Herr dir gegeben hat.* Dank und Bekenntnis münden in die Freude, in die auch die eingeschlossen sind, die zu den Darbringern gehören. Freude, die in Gott gründet, schließt sie nicht aus sondern ein und geht über auch auf den »Fremdling, der bei dir lebt«. Das ist ein schöner und hilfreicher Gedanke: Wer vom Heiligtum kommt, bringt Schalom ins Haus.

Vorletzter Sonntag im Kirchenjahr: Deut. 31,14-23

MARTIN FILITZ

Singen ist die notwendige Lebensäußerung des Glaubens im Bund. Erinnerung hängt sich vordringlich nicht an Dogmatik, schon gar nicht an Bilder, auch nicht an Literatur, sie bewahrt und bewährt sich im Lied. Mose bekommt den Auftrag, das Lied des Lebens gegen das Vergessen aufzuschreiben. Singend bleibt die Erinnerung gegenwärtig, die Geschichte von Befreiung und Bund, von Erwählung und Schöpfung, von der Treue des EWIGEN und dem Gebot das das Leben bewährt im Widerspruch gegen die Gottes- und Menschenvergessenheit. Darum die 150 Lieder im Buch der Psalmen, darum die Psalmen, die die Christenheit im Zusammenhang mit der Geburt des Kindes von Bethlehem singen, nicht zu vergessen die Lieder des Gottesknechtes aus dem Jesajabuch und aus dem 2. Kapitel des griechischen Philipperbriefes (Phil.2,5-11). In den Liedern des Bundesvolkes erinnert Israel die Geschichte, besingt sie die Wunder, die man nicht bereden, sondern nur besingen kann. Das Lied erträgt den Überschwang, was die Wissenschaft ihm verübelt. Das Lied erträgt aber auch die Depression, ohne in ihr zu singen, denn solange Menschen singen, solange hängen sie sich nicht auf. IHM das neue Lied singen (Ps. 95) bedeutet, seine Wunder erinnern, andere zum Mitsingen anstiften, und so die Erinnerung weitertragen von einer Generation zur andern. Es mag sein, daß die Gesangbücher die Frömmigkeit nachhaltiger beeinflußt haben als die Texte der Heiligen Schrift. Und es mag des Nachdenkens wert sein, was die Trivialisierung unserer Lieder (Ins Wasser fällt ein Stein, ganz heimlich still und leise - wie geht das? Oder: Herr, deine Liebe ist wie Gras und Ufer) für die Frömmigkeit der nächsten und der übernächsten Generation bedeuten mag, wenn Gefühligkeit über die Inhalte siegt. Die Erinnerung der Wunder Gottes ist alles andere als trivial. Sie kann bis zur Schmerzhaftigkeit konkret sein und bis zum Wahnwitz hoffnungsvoll. Sie hält fest und hält vor Augen, wie vorläufig menschliche Herrschaften sein können. Und sie ruft ins Gedächtnis, daß das Ende bei dem ist, der auch am Anfang war, daß die Welt nicht zum Teufel geht und daß das Sterben von ihm nicht trennen kann.

So kann auch Mose sterben, wenn die Erinnerung festgehalten ist, wenn Text und Töne gefunden sind für das immer wieder neue Lied der Erinnerung und des Glaubens. Kein Einspruch. Alles ist geregelt. Josua wird die Stelle des Mose einnehmen, ohne ihn zu ersetzen. Mit ihm beginnt ein neues Kapitel in der Geschichte des Bundesvolkes. Auch dieses wird man festhalten im Buch der Bücher, auch wenn seine Geschichten nicht mehr zu der Torah zählen, sie werden erinnert, aufbewahrt, nach Jahrhunderten noch wird man auch sie erzählen. Wie es mit allen Geschichten ist, so wird man auch sie gebrauchen und mißbrauchen. Man wird sie zu trennen versuchen von dem, dessen Volk ins Land der Verheißung zog. Man wird aus ihnen politisches Programm machen, und man wird sie auch für historisch belanglos und als für den Glauben ohne Bedeutung erklären. Vielleicht darum die Lieder der Schrift, nicht nur im Buch der Psalmen Israels. Lieder bekennen. Lieder vermögen das Wesentliche festzuhalten, sprachlich zu verdichten und das Unwesentliche liegenzulassen, ohne es auszuscheiden. Lieder speichern die Erinnerung, gerade indem sie diese Trennung vollziehen und wahrnehmbar und überschaubar bleiben.

Lieder sind notwendige Äußerungen und Verinnerlichungen des Glaubens. Das ist Teil einer Begründung der Ästhetik des Volkes Gottes, die vor allem anderen eine Theologie des Gesanges und der Musik ist. Im Lied geht Sprache über sich hinaus und wird in einer Form gemeinschaftsfähig, wie sie es allein auf sich gestellt niemals ist und sein kann. Wenn sich Worte und Klänge verbinden, entsteht ein Neues, eben das Neue Lied des Glaubens, das Erinnern wachhält und Hoffen weckt. Denn auch das gehört zum Grund des Bundesvolkes, daß Hoffnung niemals ohne Erinnerung sein kann. Das Lob des LEBENDIGEN speist sich aus der Erinnerung an die Wunder, die er tat.

So wird es weitergehen im Volk des Bundes. Der Weg ins Gelobte Land wird begleitet sein von den Liedern der Erinnerung an die erfahrenen Wunder der Befreiung. Und wenn nach den Mühen der Berge die Mühen der Ebene kommen, wenn der volle Bauch den Glauben träge macht und die Verheißungen des Wohlstandes die Verheißungen des EWIGEN vergessen machen. Dann wird es immer noch die Lieder geben, aufbewahrt im Buch der Bücher, aufbewahrt auch in Gesangbüchern, in Melodien, die sich vielleicht längst andere Texte gesucht haben, aber die die Merkmale ihres Ursprungs alle noch an sich tragen. Was einmal gesungen ist, zum Lobe dessen, der Himmel und Erde gemacht hat, der Bund und Treue hält ewiglich und der nicht aufgibt die Werke seiner Hände, was einmal zu seinem Lob gesungen ist, das wird nicht wieder von der Erde verschwinden, und wenn es die Engel sein müssen, die uns diese Lieder wieder in Ohr und Herz singen müssen.

Selbstredend können auch Lieder mißbraucht werden. Wenn sie die »morschen Knochen« erzittern lassen, wenn sie den Haß singen auf SEIN Volk, wenn sie nur noch trällern, um bloß kein Nachdenken aufkommen zu lassen - das ist Mißbrauch der Musik, wenn sie nur noch den Gleichschritt will, wenn sie ihn erzwingt und einem ganzen Volk die Uniform anzieht. Das ist Mißbrauch, dem sich SEIN Volk aus Juden und Heiden nicht ergeben wird. Aber der Mißbrauch wird den rechten Brauch nicht aufheben. Darum erinnern in Sprache und in Musik; darum Anforderungen stellen an die Qualität der Lieder, die wir singen und die wir in der Gemeinde singen lassen. Es steht viel auf dem Spiel.

Ewigkeitssonntag: Deuteronomium 34

MARTIN UHLE-WETTLER

Auge in Auge mit dem Unendlichen

1. Annäherungen. Auf einem alten jüdischen Grabstein in Berlin-Weißensee entdeckte ich, zwischen Efeublättern halb verdeckt, die Bekenntnisaussage: Hier ruht in Gott. Betroffen blieb ich einen Augenblick stehen und dachte: Wie präzis und erstaunlich wird hier Israels Beschweigen der letzten Glaubenswirklichkeit in fremder Sprache durchgehalten! (vgl. Jes 45,15) Ich vermeinte ein »Hintergrundrauschen« zu hören.

Auf dem Berg Nebo herrscht ungewöhnliche, intensivste Stille. Wo Mose gestanden hat, können wir nicht hintreten. Wir haben eine fast mythische Erzählung von seltener Eindringlichkeit vor uns. Das spürt jeder bei unbefangenem Lesen. Wir sollten uns eine Zeit lang ihrer Bildhaftigkeit überlassen, bis wir diese Stille fast körperlich empfinden.

Hier oben, weit entfernt von dem Treiben der Menschen, ereignet sich etwas von der innersten Geschichte Israels. Wir drängen uns in das Geheimnisvolle dieser Gottesbegegnung gewiß nicht hinein. Den altgewordenen einzigartigen Propheten (V 10) umgibt wie eine Aura letzte Einsamkeit. Er steht Auge in Auge mit dem Unendlichen... Mose versinkt ins Schauen; wörtlich : Der Herr ließ ihn schauen! Schweigend sieht er den »Lebensraum Israels« (Marquardt), ein großartiges Panorama, an dem er sich nicht satt sehen kann - er vernimmt noch die Zusage, die alles Begreifen übersteigt (V 4), und stirbt dann - in Gott hinein, der sein Leben (gewesen) ist...

Wo ruht nun Mose? V 6b resümiert: »Und niemand hat sein Grab erfahren bis auf diesen heutigen Tag.« Der Erzähler wußte wohl noch: Es hat schon ein Grab gegeben (V 6a), aber es ist nun vergessen, unbekannt. Mose ruht »im Lande der Moabiter«, irgendwo unter Steinen oder im Wüstensand. Aber eigentlich ruht er ganz woanders - in der Treue Gottes und in den Weisungen, die er hinterlassen hat. Sollte der Halbvers einen naheliegenden Mose-Kult (im Sinne der Gojim) abwehren? Auf jeden Fall wird man an das Gegenbild der Felsengräber und Pyramiden Ägyptens zu denken haben, die eine Ewigkeit vortäuschen, auf die der Glaube Israels getrost verzichten kann.

2. *Zum Verständnis der Erzählung.* Wir können hier nur weniges hervorheben. Da ist einmal die Vermutung v. Rads, »daß es zur Zeit des Dt eine umfangreiche Moseliteratur gab..., von der sich aber nur Bruchstücke ... erhalten haben.« (vgl. Dt 1-3; 4,9ff; 9,6ff) Zum anderen, für uns nicht unwichtig, ordnet v. Rad das gesamte Buch (Dt) einer Predigtbewegung zu, die in vorgerückter Stunde die uralten Überlieferungen aktualisiert (ATD Band 8, 2. Aufl., S. 14)

Die Erzähler haben diesen Epilog kunstvoll mit der Väterüberlieferung (V 4), dem cantus firmus der Torah verklammert. Daraus ergibt sich eine große Geschlossenheit des Ganzen.

Die Erzählung, wie sie uns jetzt vorliegt, hat eine polyphone Grundstruktur (V 1. 7-9 Priesterschrift, sonst dtr, anders Eißfeldt, der 1-6 dem Jahwisten zuweist). Dieser Eindruck verstärkt sich noch, wenn wir die großen Kapitel 32 und 33 in unsere Betrachtung einbeziehen. In V 8 vernehmen wir - wie in der griechischen Tragödie - einen Chorschluß, der die Größe des erlittenen Verlustes ins Bewußtsein hebt. V 9ff sucht die Frage zu beantworten, wer dieses Vakuum zu füllen vermag, und leitet so - vertrauensvoll - in die Zukunft hinüber.

3. *Eine neutestamentliche Entsprechung:* Der alte Priester mit dem Kind auf dem Arm (Luk 2,25-34)

Lukas eröffnet sein Evangelium mit einem Fries der Lauschenden und Lobsingenden (Zacharias, Maria, Elisabeth, Simeon, Hannah). Mir hat es besonders der alte Priester angetan. Er ist eine ergreifende Gestalt. Schon am Rande des Grabes stehend, weiß er sein kleines, vergängliches Leben geborgen - im Heilshandeln des Gottes, der Israel und die Völker (V 31-32) erleuchtet. Er lebt in eschatologischer *Aufbruchs*stimmung: »Nun läßt du deinen Diener im Frieden (Schalom) (ab-!)fahren, denn meine Augen haben...

gesehen...« (V 29-30; wesentlicher Teil des Nachtgebetes der Kirche vgl. EG. 786,10 sowie EG 12,2) Der hochgebildete Heidenchrist Lukas zieht in V 34 (welch beeindruckende Christologie!) die Linien weit in die Zukunft aus, bis zu uns hin.

4. Homiletisch-seelsorgerliche Überlegungen. Wir werden die alte Regel befolgen: Der Kasus (Gedenktag der entschlafenen im Lichte Gottes) ist ernstzunehmen und nicht zu überfliegen. Der Toten gedenkt man am besten im gesammelten Schweigen. Nur so kommen sie uns wieder näher und können ihr Wort sagen.

In manchen indianischen Sprachen gibt es, so viel ich weiß, für unser Wort »sterben« die Wendung »hinter den Horizont gehen«. Dies hat mich bei manchen Todesfällen mitgetröstet. Alles Sterben ist ein Exodus.

Die Gemeindeglieder werden an diesem Sonntag widersprüchliche Empfindungen bewegen (Verlusterfahrung, Schuldgefühle, Unsicherheit, Suche nach Trost und Halt). Ich würde als geheime Leitfrage für die Predigt wählen: was ist mit unseren Toten? Sind sie im Nichts versunken? Vorläufige Antwort: Unsere Sprache sucht seit alters ihren Status als Geborgenheit zu beschreiben (mit Worten wie »entrückt«, »entschlafen«, »ruhend«, »verwandelt«; alles keine Euphemismen, sondern Hinweise auf ein weiterbestehendes Gottesverhältnis). In diesen Wendungen vollzieht sich übrigens auch eine notwendige Humanisierung des Todes. Der cantus firmus der Predigt könnte in der Spitzenaussage des NT bestehen: Markus 12,26-27 (s. d.) Dies bände auch die erwähnten Texte wiederum zusammen.

Zu den Fernwirkungen von Dt 34 vgl.: »Der Tod des Mose« von D. Bonhoeffer (September 1944; GF IV, S. 613-620) sowie M. Luther King, einen Tag vor seiner Ermordung: »...er hat mir gewährt, daß ich auf dem Berggipfel stehen durfte. Ich habe hinunter gesehen, und habe das Gelobte Land gesehen«. (PK 16./21.4.1968)

Zuletzt noch eine chassidische Weisheit: Vor dem Ende sprach Rabbi Sußja: »In der kommenden Welt muß ich nicht verantworten, daß ich nicht Mose gewesen bin; ich muß verantworten, daß ich nicht Sußja gewesen bin.« (nach Martin Buber)

Die Autoren. Biographische Notizen

Brigitte Andrae, Konsistorialpräsidentin, geboren 1955 in Laucha an der Unstrut. Studium der Staats- und Rechtswissenschaften. Seit 1983 im Konsistorium in Magdeburg tätig. Im Februar 2001 wurde sie zur Präsidentin berufen. Mitarbeit in der dienstrechtlichen Kommission des Rates der EKD.   *105*

Dr. Karl-Adolf Bauer, geboren 1937. Studium der Theologie in Wuppertal, Tübingen und Bonn. Von 1964-1969 Assistent bei Jürgen Moltmann. Promotion. Pfarrer und Superintendent im Saarland; Leiter der Kreuznacher Diakonie. Seit 1988 Rektor des Pastoralkollegs der Ev. Kirche im Rheinland.   *112, 141*

Elfriede Begrich, Pröpstin, geboren 1947 in Berlin. Studium der Theologie von 1965-1970 in Berlin. Schülerpastorin in Halle. Pastorin in Schönebeck an der Elbe. Danach in Berlin/Prenzlauer Berg. Dozentin für Vikarsausbildung am PTI Drübeck. Pröpstin zu Erfurt-Nordhausen seit September 2000.   *35*

Dr. Gerhard Begrich, geboren 1946 in Deesdorf bei Halberstadt. Aufgewachsen in Erfurt. Studium der Theologie, Orientalistik und Ägyptologie an der Humboldt-Universität in Berlin. Promotion und Habilitation. Pfarrer an der Marktkirche in Halle/Saale. Direktor des Predigerseminars in Gnadau. Seit Oktober 1993 Rektor im Pastoralkolleg der Kirchenprovinz Sachsen.   *9, 32, 63, 69, 163, 174*

Matthias Elter, geboren 1957 in Geisa/Rhön, Lehre im dort ansässigen VEB Kabelwerk Vacha. Studium der Theologie (kath.) in Magdeburg und Erfurt. Buchhändlerlehre und Verlagsarbeit in Leipzig. Studium der Germanistik und Latinistik in Halle. Seit 2000 Gymnasiallehrer für Religion und Deutsch in Leipzig.   *27, 159*

Martin Filitz, geboren 1955 in Wuppertal. Aufgewachsen in Detmold/Lippe, Studium in Wuppertal, Tübingen und Bonn (Theologie, Musikwissenschaften). Pfarrer in Talle/Lippe. 1988 Theol. Referent im Lippischen Landeskirchenamt. Seit 1995 Domprediger in Halle und Senior des Reformierten Kirchenkreises. *83, 138, 184*

Dr. Johannes Friedrich, geboren 1948 in Gadderbaum bei Bielefeld. Studium der Ev. Theologie in Erlangen und Tübingen. Promotion. Studentenpfarrer in Nürnberg. Propst der Ev. Gemeinde deutscher Sprache in Jerusalem, Stadtdekan in Nürnberg. Seit 1999 Landesbischof der Ev.-luth. Kirche Bayerns in München. *29*

Dr. Wolf-Jürgen Grabner, geboren 1961. Aufgewachsen in einem sächsischen Pfarrhaus. Beruf des Formers und Gießers erlernt. Arbeit in einer Schlosserei. Wehrdienst als Bausoldat. Studium der Theologie in Leipzig. Promotion 1991. Seit 1996 Pfarrer der Schloßkirchengemeinde in Chemnitz. *110, 154*

Dr. Jörn Halbe, geboren 1940, Studium in Hamburg, Tübingen und Kiel. Nach Vikariat und Promotion theologischer Verlagslektor. Forschungs- und Lehrtätigkeit in Münster/W. Direktor des Predigerseminars Preetz/Holst. Dezernent für das Erziehungs-, Bildungs- und Schulwesen im Nordelbischen Kirchenamt. Seit 1990 Rektor des Pastoralkollegs der Nordelbischen und der Pommerschen Ev. Kirche in Ratzeburg. *89, 146, 172*

Dr. Reinhard Höppner, geboren 1948 in Haldensleben. Berufsausbildung zum Elektromonteur im Braunkohlekombinat Lauchhammer. Mathematikstudium an der TU Dresden. Mathematiker im Akademieverlag Berlin. 1980 bis 1994 Präses der Synode der Ev. Kirche der Kirchenprovinz Sachsen. 1990 Abgeordneter und Vizepräsident in der ersten demokratisch gewählten Volkskammer der DDR. Seit Juli 1994 Ministerpräsident des Landes Sachsen-Anhalt. Mitglied im Präsidium des Deutschen Ev. Kirchentages. *16, 79*

Birgit Klostermeier, geboren 1960, Studium der Theologie und Soziologie in Göttingen und Heidelberg. Gemeindepastorin in Wunstorf. Seit 1995 Studienleiterin im Pastoralkolleg Loccum. *77, 152*

Sieghard Löser, geboren 1959, Lehre im privaten Elektrohandwerk. Technischer Angestellter in einem sozialistischen Großbetrieb. Militärdienst bei den Bausoldaten. Ab 1987 Theologiestudium in Berlin und Erfurt. Seit 1993 Pfarrer in Elterlein/Sachsen. *71, 91*

Prof. Dr. Friedrich-Wilhelm Marquardt, 1928 geboren in Eberswalde. Theologiestudium in Marburg, Berlin und Basel. Pfarrer. Studentenpfarrer an der FU Berlin. Professor für Ev. Theologie in Berlin. Buber-Rosenzweig-Medaille 1968. Nach bayerischem Vikariat, rheinischen Pfarrämtern und Studentenpfarramt an der Freien Universität Berlin Lehrer für systematische evangelische Theologie. Im Ruhestand, beschäftigt mit Versuchen, aus dem Lernen beim Judentum das eigene Christsein zu begreifen. *+2002 Berlin* *99, 117, 126*

✗ *Axel Noack*, geboren 1949 in Biesnitz bei Görlitz. Facharbeiter (Betriebsschlosser). Studium der Theologie in Naumburg. Studentenpfarrer in Merseburg. Gemeindepfarrer in Wolfen. Seit 1997 Bischof der Evangelischen Kirche der Kirchenprovinz Sachsen in Magdeburg. Mitglied im Rat der Ev. Kirche in Deutschland und Vorstandsvorsitzender der »Dienste in Übersee«. *160, 166*

Dr. Rainer Oechslen, geboren 1955 in Leutershausen/ Mittelfranken. Studium der Theologie in Neuendettelsau, Heidelberg, Zürich und Tübingen. Wissenschaftl. Mitarbeiter bei Prof. Jürgen Roloff in Erlangen. Promotion. Pfarrer in Schweinfurt. Seit 1999 Dekan in Nürnberg. *20, 60, 177*

Marc Pokoj, geboren 1964 in Stuttgart. Studium der Theologie in Münster, Bonn und Tübingen. Seit 1997 Pfarrer in Werther/Thüringen mit Lehrauftrag am Nordhäuser Humboldtgymnasium. *13, 52*

Walter Martin Rehahn, geboren 1951 in Eisleben. Studium der Theologie und Kunstgeschichte. Schülerpfarrer und Studienleiter für Philosophie und Kunst bei der Ev. Akademie Sachsen-Anhalt. Seit 1995 Leiter des Canstein Bibelzentrums in Halle/Saale. *23, 38*

Friedrich Schorlemmer, geb. 1944 in der Altmark, studierte Theologie in Halle. Studentenpfarrer in Merseburg. Dozent am Predigerseminar in Wittenberg. Seit 1992 Studienleiter an der Ev. Akademie Sachsen-Anhalt. Seit 1991 Mitglied im PEN-Zentrum der BRD. 1989 Carl-von-Ossietzky-Medaille. 1993 Friedenspreis des Deutschen Buchhandels. *73, 156*

Friedemann Steiger, geboren 1938 in Erfurt. Studium der Theologie in Westberlin und Halle. Von 1964 - 2000 Pfarrer in Krippehna. Synodale Arbeit auf landeskirchlicher Ebene. Lebt im Ruhestand im sächsischen Göritz. *43, 93, 132*

✗*Jörg Uhle-Wettler,* geb. 1965 in Dessau. Handelskaufmann. Studium der Theologie in Berlin und Erfurt. Seit 1995 Pfarrer in Bad Düben. Seit 1999 Stellv. Mitglied in der Kirchenleitung der Kirchenprovinz Sachsen. *9, 66, 108, 169*

Martin Uhle-Wettler, geb. 1931 in Lissa. Studierte Theologie in Halle. Pfarrer in Aken. Studentenpfarrer in Magdeburg. Direktor am Predigerseminar in Brandenburg. Pfarrer im Berliner Vorortbereich. Seit 1994 im Ruhestand. *49, 187*

Dr. Gerd Zenker, geb. 1956 in Ottendorf/Sachsen. Studium der Theologie in Leipzig. Danach Arbeit als Schlosser und Schmied. Eilbote bei der Post. 1986 Promotion zum Doktor der Theologie. 1992 Eintritt in den kirchlichen Dienst. Seit 1998 Pfarrer in Süptitz bei Torgau. *57, 123, 149*

Prof. Dr. Jürgen Ziemer, geboren 1937 in Gollnow in Pommern. Theologiestudium in Greifswald und Halle. 1967 Promotion. 1992 Habilitation. Pfarrer in Leipzig. Studentenpfarrer in Dresden. Dozent an der Kirchlichen Hochschule in Leipzig. Seit 1992 Professor für praktische Theologie an der Universität Leipzig. *54, 85, 180*

Bitte, beachten Sie auch die folgenden Seiten

Gerhard Begrich: Engel und Engelgeschichten in der Bibel
Gerhard Begrich / Jörg Uhle-Wettler: Vergessene Texte.
   Mit den fünf Büchern Mose durch das Kirchenjahr.
   Assoziationen
Michael Benckert: Salomo. Eine Romanbiographie
Michael Benckert: Wie der Duft einer Lotusblüte.
   Das Hohelied der Liebe - übertragen und erläutert
Peter Bichsel: Möchten Sie Mozart gewesen sein?
   Meditation zu Mozarts Credo-Messe
Rudolf Bohren: Schnörkelschrift. 92 Geschichten
Helmut Braun: Ich bin fünftausend Jahre jung.
   Zur Biographie von Rose Ausländer
Wolfgang Erk (Hrsg.): Literarische Auslese.
   Texte für jeden Tag des Jahres
Wolfgang Erk (Hrsg.): Für diesen Tag und für alle Tage
   Deines Lebens. Ein Brevier
Eberhard Fincke: Die Wiederentdeckung der sozialen
   Intelligenz
Eberhard Fincke: Gesang gegen die herrschende
   Meinung. Das Vaterunser - ein Fingerreim
Helmut Franz: Die Geburt Abrahams.
   Zur Ankunft des Subjekts in der Geschichte
Traugott Giesen: Carpe diem. Pflücke den Tag
Traugott Giesen: Gott liebt Dich und braucht Dich.
   366 Worte zum Weiter-Leben
Traugott Giesen: Gott weiß. Zwölf Anregungen für Lebensmut
Traugott Giesen: Hiersein ist herrlich. Urlaub und Alltag
   366 Gedanken. Texte für jeden Tag des Jahres
Traugott Giesen / Hans Jessel: Sylt für die Seele.
   45 Texte, 45 Farbfotos
Gustav-Heinemann-Initiative (Hrsg.):
   Dokumentationen der Jahrestagungen seit 1978
Hannah Green: Ich hab dir nie einen Rosengarten
   versprochen. Bericht einer Heilung
Peter Härtling: Für Ottla
Peter Härtling: Notenschrift. Worte und Sätze zur Musik
Peter Härtling: Und hören voneinander.
   Reden aus Zorn und Zuversicht

Marietta Peitz: Ich sollte Lilien pflanzen, ehe ich gehe.
Tagebuch des Älterwerdens
DAS PLATEAU. Die Zeitschrift im Radius-Verlag
Erster bis zwölfter Jahrgang
RADIUS-Almanach 1978/79 bis 2001/2002. 24 Ausgaben
Johannes Richter: Innen und außen. Gedichte
Karl-Heinz Ronecker: Friede sei in deinen Mauern.
Jerusalemer Predigten
Martin Scharpe (Hrsg.): Heilige Nacht. Heiliger Tag
Die 100 schönsten Weihnachtsgedichte und -geschichten
Klaus Schmidt: Gerechtigkeit - das Brot des Volkes.
Johanna und Gottfried Kinkel. Eine Biographie
Gerhard Schneider: Mirjam singt wieder.
Neue Weihnachtsgeschichten
Gerhard Schneider: Schuld wirft lange Schatten.
Ein Fall für Pfarrer Simon
Michael M. Schönberg: Von oben herab. Predigten
Michael M. Schönberg: WortWandel. Predigten
Friedrich Schorlemmer (Hrsg.): Mein Bibeltext.
45 Beiträge prominenter Zeitgenossen
Wolfgang Schweitzer: Dunkle Schatten - helles Licht.
Rückblick auf ein schwieriges Jahrhundert
Uwe Steffen: Den Urbildern auf der Spur. Essays
Angelika Stein: Auf der Suche nach Jacques. Erzählung
Klaus von Stieglitz: Einladung zur Freiheit.
Gespräch mit der Anthroposophie
Holger Tiedemann: Die Erfahrung des Fleisches.
Paulus und die Last der Lust
Heinrich Vogel: Gesammelte Werke in zwölf Bänden
Gerhard Weimer: Bis bald in Bethlehem. Roman
Gerhard Weimer: Das Osterwasser. Roman
Hanna Wolff: Der universale Jesus
Hanna Wolff: Jesus als Psychotherapeut
Hanna Wolff: Jesus der Mann

Prospekte und Informationen beim

Radius-Verlag · Olgastraße 114 · 70180 Stuttgart
Fon 0711.607 66 66   Fax 0711.607 55 55